「钱塘江故事」丛书

胡 坚／著

别样村庄

浙江工商大学出版社｜杭州

钱塘江，流淌不息的是故事

浙江省钱塘江文化研究会会长　胡　坚

钱塘江，是浙江的"母亲河"，流经浙江近50%的省域面积，世世代代滋养着浙江人民繁衍生息。

钱塘江是一条自然之江。它是浙江境内最大的河流。以北源新安江起算，全长588.73千米；以南源衢江上游马金溪起算，全长522.22千米。两岸青山叠翠，云卷云舒，村镇星罗，田野棋布。钱塘江因天下独绝的奇山异水而久负盛名，享誉古今。它哺育的美丽浙江，有看不完的风景、说不完的故事、讲不完的传奇。

钱塘江是一条梦想之江。钱江源头，一滴滴水珠汇聚成涓涓细流，形成山涧的清泉，从蜿蜒的山脉中豁然涌出，汇成溪流，聚成小河，凝成大江，涌成惊涛拍岸的钱江大潮。每一滴水都能在这个过程中，发现自己原来这么有力量。钱塘江以不息的潮汐告诉人们——只要有梦想，有方向，有凝聚力，渺小也能够构成伟大，数量就会变成力量。

钱塘江是一条精神之江。钱塘江赋予浙江人以物质财富和精神财富，浙江人赋予钱塘江以自然状态和人文形态。"天时""地利"造就了钱塘江涌潮，"怒涛卷霜雪""壮观天下无"。千百年来，钱塘江"弄潮"是一种奇特的人文现象。"弄潮"之风在唐朝时兴起，宋朝时更甚。迎着滚滚而来、地覆天翻的江水，在声如雷鸣、涛如喷雪的潮水里，"弄潮儿向涛头立，手把红旗旗不湿"，气势如虹的雄姿，给后人留下了不畏艰险、敢于拼搏、逆浪而进、力压潮头的人文精神。

钱塘江是一条艺术之江。自晋唐以来，钱塘江吸引了众多文人墨客前来游历论学。他们或探幽访胜，或宦游访友，或寄情山水，留下了无数诗篇华章，如白居易《忆江南》、柳永《望海潮·东南形胜》等名篇，令画卷上的钱塘江弥漫着浓厚的书香与笔墨气息。在这里，诞生了无数绝世篇章。同时，成就了一代宗师黄公望的山水画巅峰之作《富春山居图》，造就了"中国山水画泰斗"黄宾虹等一批画家，诗情和画意绵延至今。另外，钱塘江还成就了吴越文化和在中国人文思想史上产生过重大影响的新安文化。孔氏家族"扈跸南渡"更是推动了儒学在江南的传播，开创了儒学新风尚。

钱塘江更是一条创造时代的奇迹之江。改革开放以来，浙江人民在建设中国特色社会主义的大潮中，干在实处，走在前列，勇立潮头，在钱塘江两岸创造了一个又一个人间奇迹，也创造了新时代的灿烂文化。特别是当我们走进新时代，吹响"实施拥江发展战略，努力打造和谐宜居、富有活力、特色鲜明的现代化城市"的号角，更让钱塘江彰显出勇立潮头、大气开放、互通共荣的时代精神。

钱塘江文化研究会聚集的这群人，有着一种强烈的文化情怀，要为挖掘、整理、塑造、传播钱塘江的文化尽微薄之力，做出自己的贡献。

　　编撰"钱塘江故事"丛书是这群人的一种探索和努力。我们相信，该丛书的出版，有助于增加人们对钱塘江的了解，有助于丰富人们的文化生活，有助于增强钱塘江文化的外在影响力和文化软实力。

　　我们将以自己勤劳的双脚去丈量钱塘江两岸的崎岖路径，以敏锐的眼光去发现钱塘江流域散落的故事，以与众不同的思考去感悟钱塘江的文化特质，以鲜活的文字去表达钱塘江的无穷魅力。我们会专注于那些有情感的故事、有品味的故事、有启迪的故事、有历史的故事和有回味的故事，让读者在阅读中体会钱塘江的好、钱塘江的美、钱塘江的厚重与钱塘江的温度。

　　"钱塘江故事"丛书将高度关注钱塘江流域村落的过去与未来，关注非物质文化遗产的传承与活化，关注历史艺术与当代艺术的生命与发展，关注民间风俗和风土人情的变迁与时尚，关注旅游和文化的融合与共生，关注每一个值得关注的历史细节与文化符号。丛书在讲究思想性、学术性、艺术性的同时，突出实用性、服务性、可读性，希望能成为爱好者的口袋书、旅游者的携带书、管理者的参考书。

　　我们带着朝圣般的虔诚，带着颤抖的灵魂，带着历史的使命做这样一件有意义的事。

　　虽然道路遥远，但我们已经起步。

　　是为序。

入村告示

大家入村前，请先读读这段告示。

之所以要请大家参观考察这些别样的村庄，是因为中国的乡村与中国的发展是紧密地联系在一起的。你要了解中国和浙江，就一定要了解村庄。你要深入生活，就一定要深入地了解中国的乡村生活。乡村（rural area，也称countryside），是指居民以农业为经济活动基本内容的，有别于城市的人类聚落的总称。根据是否具有行政含义，乡村可分为自然村和行政村。自然村是村落实体，行政村是行政实体。社会学家费孝通在他的《乡土中国》一书中，将中国社会性质定为乡土社会，构成中国乡土社会的基础单元就是乡村。乡村对中国的发展影响是巨大的。

改革开放40多年来，中国的乡村发生了翻天覆地的变化，这种高速发展与变化的状况，是中国几千年历史中从来没有过的。读鲁迅先生写的文章，就会感到当时的中国乡村是多么没有生气与活力。鲁迅先生在《故乡》一文中写道："苍黄的天底下，远近横着几个萧索的荒村，没有一些活气。我的心不禁悲凉起来。"这个"横"字，让人不寒而栗。今天，你到浙江的乡村去走一走，会感到到处欣欣向荣、充满活力。前不久，我去了浙北的一些乡村，感到它们真的与欧洲的乡村没有什么不同——农民开始重视自己的庭院建设，到处都是鲜花。从窗台外的那些鲜花中，我就感受到农民的幸福与快乐。不同地方的发展，不是比城市，关键是比农村。浙江的发展，也体现在农村的变化中。

村庄是最有故事的地方，中华民族的传统文化、民俗风情、淳朴的民风、古老的村庄、诱人的美食、儿时的故事都在农村，而且，不同区域的村庄，差别也很大。我从浙江省11个设区的市中，挑选了20个最有特色也最有代表性的村庄，讲讲它们的故事，更确切地说，讲讲它们一定时期内的故事。它们都还在不断地变化，在延续着自己的故事。期待读了我写的村庄故事后，更多的人会关注村庄，关注它们日夜发生的故事，愿意为它们写出更多的故事。这就是我写《别样村庄》的初衷。

小时候我在农村生活过一段时间，对村庄特别有感情。我曾经担任过中共浙江省委组织部分管基层工作的副部长，由于工作的原因，经常跑村庄。浙江省许多村庄，特别是有特色、有知名度、工作做在别人前面的村庄，我更是跑过许多。村庄跑多了，就想写一本关于村庄的书，结合浙江省钱塘江文化研究会出版"钱塘江故事"丛书的机会，我就从浙江省20000多个村庄中，选择了20个我认为最有特色和最有故事的村庄，每个写了五六千字，于是就有了这本书。

由于浙江的村庄仍在快速的发展与变化之中，我撰写的情况及采用的一些数据，可能很快就会过时，但是，我在这里对这些村庄的介绍，也许可以增加读者对这些村庄的兴趣。有机会的话，大家可以到这些村庄去走一走，看一看，听一听，一定会有比我更加深入的了解和与我不同的切身感悟。我在这里，仅仅是起到一个推介和向导的作用。

别样的村庄，其实也是我们的村庄，在村头的大树下，在村旁的小溪边，在那座古老的凉亭里，村庄的故事正在流传，也正在流淌。

目　录

诞生浙江省第一家农村文化礼堂的村庄

——杭州市临安区板桥镇上田村

村庄名片：素有"茶香竹海、文武上田"美誉的板桥镇上田村位于杭州临安东南面，南邻富阳和余杭，这里历史悠久，风景秀丽，民风淳朴。全村区域总面积10平方千米，辖9个自然村，18个村民小组，共有农户560户，总人口1876人，其中党员87名。上田村诞生了浙江省第一家农村文化礼堂诞生，并因此享誉全省。村庄先后获得全国民主法治示范村、全国人口和计划生育基层群众自治示范村、全国综合减灾示范社区，浙江省文明村、省"双强百佳"示范村、省信用村、省文化示范村、省党风廉政建设示范村等荣誉称号。上田村党支部被评为浙江省先进基层党组织。

2020年1月17日晚7时，浙江省农村文化礼堂"我们的村晚"省主场晚会在上田村热闹开演。"东道主"上田村的村民带来的节目《文武上田》，在打扮得靓丽耀眼的文化礼堂隆重登场，独具特色、充满活力和乡土气息的表演赢得了满堂经久不息的掌声。礼堂内是精彩纷呈的文艺晚会，礼堂外是美丽临安乡村嘉年华活动，来自临安区18个镇街的450余名文艺爱好者参加了这个活动。"民俗表演品年味""文化踩街迎新年""喜办年货赶年集""翰墨飘香迎新年""幸福打卡迎鼠年""非遗传承展欢颜""临安美味迎来宾"七大板块精彩呈现，令人目不暇接。这个欢腾的夜晚，给人们留下了难忘的印象。而上田村能成为这次活动的主场是因为它是浙江省第一个建设文化礼堂的村庄。

时间要回溯到2012年，中共浙江省委宣传部领导在临安调研时，听到当地领导提出想在农村建设一批"文化礼堂"。这个概念一提出，就引起省委宣传部领导的高度关注。他们认为这个创意非常好。因为，省委宣传部的同志也一直思考这个问题。为了试点农村文化礼堂，我多次到上田村考察调研。

浙江为什么要探索建设农村文化礼堂呢？这是因为，随着农村经济社会的快速发展，农民的物质生活不断得到改善，2012年浙江农村居民人均纯收入14552元，已经连续28年全国第一。农村居民家庭恩格尔系数约为 37.7%。一般来说，恩格尔系数59%以上为贫困，50%—59%为温饱，40%—50%为小康，30%—40%为富裕，低于30%为最富裕。由此可见，浙江农民已经达到富裕水平。同时，随着"千村示范、万村整治"行动的大力推进，浙江农村的生活环境也得到极大的改善。2012年全省约93%的行政村实现了生活垃圾集中收集处理，78%以上的农户家庭实现卫生改厕，60%以上的村庄开展了生活污水治理，约89%的村庄环境得到较好的整治。浙江城乡差别在不断地缩小。但是，相对而言，农民的精神文化生活与城市居民的差距仍然比较大。各种文化设施，如图书馆、博物馆、展览馆、大剧院基本上都建在城市里，文化设施是农村发展的一块短板。而随着农民生活水平的不断提高，农民有了更多的空闲时间，对文化生活的需求越来越旺，而在农村，无论是文化设施还是文化活动，都远远满足不了农民日益旺盛的文化需求。于是，探索建设农村文化礼堂的事就提上了议事日程。

中共浙江省委宣传部组织了一批专家到临安进行深入的调研考察，我有幸作为调研考察组的组长到了临安。与当地领导干部、宣传文化部门和乡村党员干部群众座谈，深入农村调查研究，听取各方面的意见和建议后，在经过反复论证的基础之上，与当地同志一起形成了一个试点"农村文化礼堂"的工作方案。省委宣传部主要领导也亲自多次到临安调研。工作方案经省委宣传部部委讨论审定，确定在临安进行试点。那么选择哪个村进行试点呢？当地推荐了上田村。

我与专家组一起去上田村，在绿水青山之间绕过不少个弯到了上田村。但见巍巍青山怀抱之中，山谷里蜿蜒着一个狭长的村庄，村庄里有一条向远处伸展的道路，两旁分布着错落有致的农家房屋，小河沿着村庄静静地流淌，这个村庄给我的第一印象很不错。拟作为文化礼堂的建筑，粉墙黛瓦，依山而建，前面是一个大广场，山上立的牌子上写着8个大字"茶香竹海 文武上田"，远远望去特别引人注

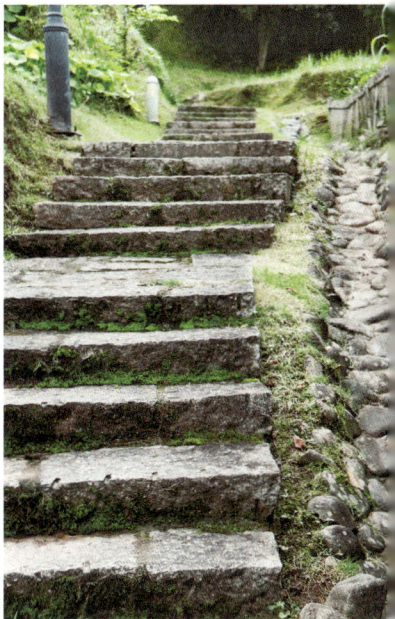

上田村村庄石阶

目。村支部书记潘曙龙带着我们考察，他有健壮的身体、爽朗的声音，他如数家珍般地给我们介绍村庄的情况和建设文化礼堂的设想。他一声令下，村民们列队聚集到广场，给我们表演武术，整齐划一的动作，虽然简单，但很有气势，看得大家不断地热烈鼓掌。

据潘曙龙介绍，上田村自古以来受钱氏、刘氏文化的熏陶，村民素来喜爱习武弄墨，恪守"耕读传家、尚文习武"的传统。但是，上田村也曾有一段时间风气不好，村庄脏乱，村民打架，村里发展停滞不前。2005年，在外办企业的潘曙龙回村接任村主任，2008年，他又担任了村党支部书记。村党支部一班人带领村民，通过各种办法治村，使村庄面貌发生了根本性的变化。潘曙龙他们特别重视文化治村，想方设法筹措资金，建起了村文化广场和特色农业展陈馆等设施，组建了临安市书法家协会上田书法分会和上田村国术团，使书法和十八般武艺得到了进一步的保护传承。现在，村里经济发展良好，文化底蕴浓郁，民风淳朴，村庄治理健康有序。经过考察调研之后，专家组各位异口同声地说："这个地方好，文化礼堂试点就选上田村了。"

农民的创造力历来无穷，有文化底蕴的农民创造力更是惊人。上田村被确定为浙江省农村文化礼堂的试点村后，在短短的几个月内，改造了村农业展陈馆，将其变成了文化礼堂的多功能厅。村庄道路、建筑、绿化也做了全面的修整，在广场入口还建起了一座古色古香的大牌坊，广场里靠山一面建起了一座大舞台。舞台的白墙上，书写着当代浙江人的共同价值观"务实、守信、崇学、向善"。看到这8个字，我感到特别亲切，因为2012年，党中央提出《社会主义核心价值体系建设实施纲要》后，中共浙江省委为了推进社会主义核心价值体系大众化，从当年2月开始，在全省启动"我们的价值观"大讨论活动。我参与了这次讨论的组织工作。"我们的价值观"大讨论产生了极为广泛的影响，全省人民提出了数万条有关价值观的表达语。在这基础上，2012年6月，浙江省第十三次党代会提出：积极倡导以"务实、守信、崇学、向善"为内涵的当代浙江人共同价值观。现在，浙江省所有的农村文化礼堂，一定会在醒目的地方标注出这8个字，它们代表着浙江人民共同的价值追求。上田村把这8个字写在醒目的舞台白墙上就是一个很好的开始。在上田村文化广场外的路边，竖起了"能人榜""学子榜""寿星榜""英模榜"等，还立起了上田村训牌，上写"爱集体、正德行、敦孝悌、睦相邻、怀善心、尚学业、务勤奋、正财道、持节俭、重修养、交良友"。全体村民学唱村歌《美丽的上田我的家》："古有桃花源，今有上田村。十里竹海似画廊，龙井茶香绕山岗。这山有九池，那山是凤凰……"值得一提的是，上田村还找人设计了一个文化礼堂的标志，一个房子造型的

上田村歌——《美丽的上田我的家》

上田村文化礼堂的标志

门庭，一只手做着代表爱与希望的手势，并拿着一支笔，下书"文武上田"。就这样，浙江省第一家农村文化礼堂就在上田村挂牌了。

2013年3月，上田村迎来了浙江省农村文化礼堂建设工作现场会。这一天，浙江省级机关有关部门领导和全省各市、县（市、区）委宣传部部长等100多人聚集在上田村，参观、学习、考察。与会者对文化礼堂这个新鲜事物极感兴趣，走走、看看、问问，好不热闹。好客的上田村人，在广场上表演了传统武术，在书画室表演了书法，还举办了各种展示、展览活动，让参会者大开眼界，连说收获多多。

就这样，上田村成了浙江农村文化礼堂的一个样板，各地的考察学习团队接踵而来。当时浙江还没有文化礼堂统一的标志，有的地方就把上田村文化礼堂的标志也"拷贝"过去了，写上当地的村名，装在了文化礼堂的房顶上。今天我们可以说，没有上田村的这种示范作用，浙江文化礼堂的建设推广不会这么迅速，也不会做得这么到位。

到2019年底，浙江全省已经建成了14341家文化礼堂，它们已经成为浙江农民的精神家园，也是农村文化综合体。文化礼堂是浙江农村最靓丽的风景。走在浙江乡村，华灯初上时，你走到村里，灯光最亮、欢声笑语最多的地方一定是文化礼堂。农村文化礼堂在发展中还逐步发展了"礼堂文化"，形成了"我们的"系列活动，如"我们的村晚"，每年春节期间浙江农村都在文化礼堂开展各种文艺活动和联欢活动，还有"我们的家园——万家农村文化礼堂庆丰收"系列活动，等等。一支支扎根农村的文艺队伍，在浙江大地唱响"希望的田野"。深受文化熏陶的村民们，出现在省"村歌"创作演唱大赛、浙江排舞大赛等多级联动的文艺活动之中。

别人学了上田经验建起了自己的文化礼堂，上田村也决不故步自

临安市第四届传统武术表演赛中上田村村民的武术表演（上图）及女性村民展现风采（下图）

封，也在不断地提升文化礼堂的品位，完善文化礼堂的各种功能。经过多年的发展，上田村文化礼堂已经远不是当年的样子了。它是一个建筑群，包括中心广场和舞台、牌坊、村史廊、成就廊、励志廊、书法廊、武术廊等。村史廊是对上田村历史的追溯与挖掘，励志廊展示的是村中乡贤的生平事迹，还有天目学堂、老年活动室、书法创作室等。室内建筑部分有2700多平方米，室外广场有上千平方米。建设好文化礼堂的硬件只是基础，更重要的是开展各种活动。现在，每当夜幕降临，上田村文化礼堂内人声鼎沸，广场上有各种各样的文化活动团队，有习武的小方阵，有热情奔放的排舞队，有锻炼身体的老人，也有溜旱冰追逐的小孩子。文化礼堂不仅是一个开展文化活动的场所，更是提升村民精神文化水平和道德素养的阵地。上田村在建设文化礼堂过程中，大力推进"好家风"建设，评选"最美上田人"，打造廉政文化，等等，还结合传统节日举办新人礼、开蒙礼、孝老礼、就职礼、褒奖礼等一系列礼仪活动。精神道德养成是需要一定的仪式感的，仪式感会给人生留下深刻的印记，会在每个人心中播下一颗种子。

的确如此，上田村不只是建设了一个文化礼堂，而且通过文化礼堂，在全体村民中潜移默化地种下了"以文化人"的种子。广场舞台墙上"务实、守信、崇学、向善"的大字已经成了上田村民为人处世的信条。全村家家有家训，户户好家风。村里为了树立良好的民风、村风，创造安居乐业的社会环境，制定了27条村规民约。现在村民之间相处融洽，举手投足间折射出礼仪的影子，村里到处都是彬彬有礼的人。为此，上田村被评为全国民主法治示范村和浙江省文明村。

村民的文化需求推动了文化礼堂建设，而文化礼堂建设又进一步激发了村民开展文化活动的热情。上田村书法文化源远流长，底蕴深厚。受钱王文化的熏陶,村民素来喜爱弄墨书法,"池墨泼飞云,紫毫挥广宇"。全村男女老少,从一脸稚气的幼学孩童,到鹤发童颜的耄耋老翁,从田间地头劳作的普通农民到村两委会干部,许多人都钟情书画。仅有1800多人的上田村,各级书法协会会员已有160多名,其中中国书法家协会会员1名,浙江省书法家协会会员10名,杭州市书法家协会会员13名,临安区书法家协会会员20名。为此,上田村被命名为"浙江书法村"。每逢春节,村民都会书写对联相赠,以书法来传递亲情、友情。文化礼堂中,天天散发着浓浓墨香的书法室,墙上总是挂着满满的书法作品。这些出自农民书法家的风格各异的作品,写的许多是村规民约、家风家训,从谋篇布局、笔法招数看,绝不逊色于书法名家的作品。到了暑假,文化礼堂里更是聚满了前来拜师学艺的孩子们。老人钱惠民是义务书法老师之一。这位农民书法家,早上拿锄头,晚上拿毛笔,写得一手好字。他说:"我教孩子们写的第一个字就是'人'。别看它简单,这个字可不那么好写,就像做人一样,要写得端正。"孩子们就是从写"人"字开始,慢慢地领悟书法与做人的道理。

"耍枪弄棒是高手,笔砚之间亦风流。"学书法是学做人,练武术同样是学做人。据《钱氏家谱》记载,康熙年间(1662—1722),钱镠三十二世孙钱源独创了十八般古兵器的操练套路,用于强身健体。在此后的数百年间,上田村家家户户都保持着习武的传统,并多次在各类比赛上摘金夺银。上田村很多村民是既会书法又会武术的,沈玉琴就是其中一个。她除了会书法,还从小习武,经常带着一帮孩子舞刀弄枪,也教他们练武先练人。上田村建起的国术队有成员50余人,最小的只有8岁,最年长的80多岁。有一段时间,上田村以姓氏为界,分为三大流派，谁也不服谁，还不时产生摩擦。现在，武术不仅成了上田村的招牌，更成了村民团结的纽带。"十八般武艺"重聚在一起，大家一起习武，不仅锻炼了身体，更增强了感情，村里拳脚相向的情况没有了，取而代之的是文明新风和好家风的宣扬，村民的凝聚力大大提升。2018年，"十八般武艺"武术队在磐安古茶场举行的"非遗薪传浙江传统体育展演展评活动"中获得一等奖。"十八般武艺"入选浙江省级非物质文化遗产。

人的精神境界提升了，村庄风气改变了，村庄的发展也步上了快车道。上田村作为临安打造全域大花园的12个村落景区之一，从美丽乡村建设升级到旅游乡村建设。上田村的历史文化资源十分丰富，具有十分独特的旅游号召力。清康熙年间（1662—1722），吴越王钱镠的后裔迁徙至此，使上田成为钱氏宗脉保存较为完整的村庄之一，村子里保留了许多清代建筑。近年来，上田村着力打响"茶香竹海、文武上田"的文化品牌，大力发展旅游业，推进村庄建设，打造4A级标准村落景区。游客来到上田，不仅可以欣赏风光，还可以吃特产、住民宿，在这里望得见山、看得见水、记得住乡愁。而村民收入也因此提升，找到了致富的"金钥匙"。

借着发展乡村旅游产业，上田村推进各项事业的发展。如大力推进光伏发电技术，为村民提供更多的实惠。全村已经有超过50户家庭用上光伏电，村民们开空调，开电暖，自己可以不花钱，有多余的电还能卖给国家赚钱。村民们只要打开手机，在"掌上电力2019"App就能查看当日发电情况。如杨家大院就是由清代古建筑改造完成的"全电民宿"。古朴的房子，柔和的灯光，屋内地暖、中央空调等设施，都是用的光伏电，现代化设施和老建筑融为一体，旧时光的背后是电力带来的方便和

房檐上花开得正盛

快捷。颇具特色的"全电民宿"，让杨家大院客似云来，许多客人入住
这里后都流连忘返，特别喜欢这里的环保、便捷和舒适。主人说，包括
食宿在内，月营业收入可达10万元。在这些用户的带动下，许多村民对
自家屋顶进行了光伏改造。"全电制茶"、"全电公交"、光伏路灯、
光伏垃圾分类收集装置，人们在这里处处能感受到现代化与高科技。

　　现在，我行走在浙江农村，每当看到文化礼堂，都会想起上田村，想
起那段在上田村调研与策划文化礼堂的日子，想起这个让人难忘的村庄。

飘满龙井茶香的村庄
——杭州市西湖区转塘街道上城埭村

村庄名片：上城埭村是杭州市西湖区转塘街道下辖村，位于龙坞风景区内，距杭州市中心约15千米，与之江国家旅游度假区相邻。西面主要是大斗山和小斗山森林野生区，山林面积2000余亩，其中毛竹林500余亩，南面和北面是成片的茶园。全村总面积2.4平方千米，共有农户335户，总人口1146人。上城埭村是西湖龙井茶主产村之一，先后获得浙江省党建工作示范村、省文明村、省卫生村、省善治示范村等荣誉称号。2020年入选浙江省第二批全国乡村旅游重点村推荐名单。上城埭村党支部被评为浙江省"五好"村党支部。

    2020年6月2日，浙江省文化与旅游厅公示了第二批全国乡村旅游重点村拟推荐名单，全省共有31个村入选，其中包括杭州市西湖区转塘街道上城埭村，这让我有点意想不到，因为我对这个村太熟悉了。但是，细想这10多年来上城埭村发生的翻天覆地的变化，又感到在情理之中。也就是这个名单，启发我写了这篇文章。

    我有一个经常往来的亲戚住在上城埭村，所以这20多年来，我经常去上城埭村。一开始我对这个村印象很一般，杂乱无章的农民住房，狭小的村道，比较脏乱的村容村貌，到处乱窜的狗，农民养的大摇大摆地行走在村庄里的鸡——反正这个村与我经常看到的农村没有什么两样。不过，我对村庄周边的茶园一直抱着好感。满山遍野的茶园，被打理得井井有条，远远望去，茶树垄一层一层地向山上延伸，整齐地处在自己该处的位置上，仿佛是经过精心梳妆打扮的姑娘的秀发。开满白花的树，夹在郁郁葱葱的其他树木中，显得格外醒目。微风吹过茶园，阵阵茶香就随风四散。在春茶开摘的季节，茶农们戴着草帽穿行在茶山上，花花绿绿的衣裳点缀在绿油油的茶园里，像艺术造诣很深的艺术家绘制的画作，让人禁不住要掏出手机拍几张照片。

在采茶的季节，上城埭村里总是很忙碌。家家户户采茶、炒茶、包装茶叶，村里到处飘着茶香。我的亲戚也采茶制茶，在春茶上市的时候，她总要忙到后半夜甚至通宵。每次我们一到她家，她总是会沏上刚炒好的新茶，让我们尝鲜。喝着新茶，品味着茶独特的芬芳，我也体会到茶农的艰辛与不易。

我到上城埭村走多了，慢慢感到这个村在悄悄地发生变化。入村的道路一点点地拓宽，路边的绿化与美化设施越来越精致。农民家家户户的围墙统一被拆除了，一些破旧的房子修的修、拆的拆、美化的美化，村容村貌渐渐地变美了，变得越来越有艺术感，也越来越有品位。村民们开办的农家乐和茶馆，一家一家不断地冒出来，而且一家比一家装修得有味道。慢慢地，到村里来的游客越来越多，有时候，我星期天去上城埭村，村里的道路开始拥堵了，停车也越来越不容易了。上城埭村的第二个名字——"龙坞茶村"，被越叫越响。

后来，我了解到，上城埭村的变化主要是从2005年开始的。当时村里为了响应中共杭州市委、市人民政府提出的"茶为国饮，杭为茶都"

春茶开摘的季节，上城埭村美得像一幅画

的口号，提出要建成集观光、休闲和品茗于一体的乡村旅游项目——龙坞茶村。同时，农民们更有梦想，提出要力争把上城埭村打造成杭州第一个国际茶村。在2004年全国大学生毕业创作设计竞赛中，由中国美术学院选送的《龙坞茶村聚落发展规划及民居改造方案》荣获金奖，其景观设计方案获设计铜奖。该方案是依据茶村现有风貌，以因地取材概念、休闲概念、恢复传统工艺概念、原生态概念、自然生长概念这五大概念为设计理念，将村庄规划为适应当地的自然条件和未来农村经济的发展需要，符合都市农业发展的首批生态示范村落。设计方案中的整个茶村，以开放、大气、优雅、舒适的原生态环境为特色，以青山、小溪、茶园、山林、村落为背景，以悠久的茶文化和民俗文化为精髓，集

茶农采茶忙

茶园、花园、菜园、庭院于一体，拥有娱乐、住宿、餐饮、游览等多项服务，是感受茶文化的特色村落。

好的规划设计，是村庄发展的第一步。在全体村民的共同努力下，打造国际茶村的梦想开始一步步变为现实。全村所有的茶园游步道被修缮一新，全长3000多米的泥泞小路被建成了1.5米左右宽的青石板路。村里对村道卫生保洁实行了规范化管理，村道两旁设置了垃圾箱，清除了卫生死角，推行了村民垃圾袋装化，建成了700余立方米的生活污水处理池，实行生活污水集中处理。除了常规的保洁队伍之外，村里还安排了4名工作人员负责村里的长效保洁工作，在村里不定时巡逻，上门收集垃圾，看到路边垃圾及时清理。同时，建造了占地面积约500平方

上城埭村一景

米，建筑面积约400平方米的村老年活动中心，配置了室内健身器材、棋牌桌、彩电等一批文体设备和医疗保健设备。近年来，村里建起了农村文化礼堂，文化礼堂是由村里的老小学改建成的，面积有2000多平方米。这个文化礼堂主打茶文化，将龙坞茶镇展示馆纳入村文化礼堂建设中，设有"龙坞蝶变""村情村史""茶文化"等展厅，挖掘、保留和展示村子的茶文化历史，彰显龙坞茶村文化名牌。你走进文化礼堂，就可以把上城埭村茶文化的过去、现在和未来看得明明白白。文化礼堂中还设有健身房、图书室、文化馆等，经常有村民在这里享受精神文化生活。

2013年10月，时任中共浙江省委书记夏宝龙来到上城埭村，考察调研茶叶产业的发展。他特别重视茶叶品牌的保护与发展，对茶农们说：

"大家要用长远眼光看待茶园改造。'西湖龙井'是世界知名的茶叶品牌，要使这一名牌历久弥新，必须全面推行无公害生产，走绿色产业之路。"省委书记的到来，着实将上城埭村的发展向前推了一把，村民们的信心更足了。2015年，龙坞茶镇被列为浙江省首批建设的特色小镇，同年，上城埭村启动了美丽乡村建设整治工程，累计投入近亿元的环境整治与改造资金。上城埭村人不仅打造了一批以上城埭村茶艺街为代表的景观节点，还对村庄内的各项旅游基础设施进行提升和改造，使上城埭村越来越像国际茶村了。

上城埭村的兴盛有史以来都是与西湖龙井联系在一起的。中国有十大名茶，龙井茶居首。在浙江的茶叶产业中，龙井茶以全省约15%的产量贡献了约30%的产值，是浙江茶叶产业中的翘楚。龙井茶中，又以西湖龙井为首。西湖龙井的产地主要就在龙坞茶镇。那里的茶山，每年产出的春茶就有约140吨，全年产茶量为360—370吨，故上城埭村素有"万担茶乡"之称。上城埭村就是龙坞茶镇的核心区，是杭州市政府认定的西湖龙井茶保护基地，拥有茶园面积1200余亩，是所有西湖龙井茶茶园中单体面积最大的。上城埭村就是以龙井茶香而闻名周边，近年来的发展也是借力茶叶产业的发展。

说到茶叶，咱们浙江可以"我骄傲"一下。浙江是中国茶叶与茶文化的重镇，更是当今中国主产绿茶的第一大省。浙江的绿茶生产面积约占全国10%，产量约占全国20%，创汇约占全国的60%，出口约占全国的70%，为中国绿茶出口之最。浙江人种茶具有十分悠久的历史，自跨湖桥文明开始就出现茶的踪迹。唐代时浙江已成贡茶之地。唐人茶圣陆羽在其所撰写的世界上第一部茶叶专著《茶经》中，就有关于杭州天竺、灵隐二寺产茶的记载。而吴越国时浙江的茶叶经济已近鼎盛，所谓

干净整洁的茶园一景

"摘山煮海"，远销外邦，使浙江在战乱频发的五代十国时期，成为东南富庶和平之地。宋代国都南迁至杭州，汴京开茶坊的习俗南渐，茶馆在当时的临安一家接一家地开起来，在茶汤巷一带成了气候，形成了茶馆一条街，茶叶生产也发展至历史巅峰。明清之际，浙江打造出以龙井茶为代表的著名绿茶，至今绿茶品牌依旧引领中国。

绿茶之中，西湖龙井具有1200多年历史，被誉为"百茶之首""绿色皇后"，因主要产于西湖龙井村周围群山而得名。龙井茶源于唐，发于宋，闻于元，兴于明，盛于清，历来是茶中极品、宫廷贡品、国家礼品。清乾隆六下江南，四上龙井，写有龙井茶御诗6首，并亲封"十八棵御茶"，奠定了西湖龙井的至高地位。从此，西湖龙井茶驰名中外，"问茶"者络绎不绝。西湖龙井茶，外形扁平挺秀，色泽绿翠，内质清香味醇，泡在杯中，芽叶色绿，素以"色绿、香郁、味甘、形美"四绝著称。品饮茶汤，沁人心脾，齿间流芳，回味无穷。中华人民共和国成立后，国家积极扶持龙井茶的发展，龙井茶被列为国家外交礼品茶。

上城埭村以盛产西湖龙井而闻名，这也是这个村可以说一声"我骄傲"的根本原因。上城埭村村民世世代代以种植西湖龙井茶为主要农业生产方式，西湖龙井茶作为区域公共品牌，其采摘、制作技艺已于2008年被列入国家级非物质文化遗产名录。上城埭村依托得天独厚的自然生态，临近杭州的茶文化积淀，具有悠久历史的种茶技艺，其茶叶及茶文化在杭州周边独树一帜。近年来，村里成立了杭州兰蓉茶叶专业合作社，并引进了两家杭州西湖龙井茶叶公司。他们平时对村民进行培训，全方位、多角度进行指导宣传，增强村民的品牌意识，共同打造龙坞茶村优质龙井茶品牌。两家公司每年在春茶采摘期间开展茶叶收购。当地在大力发展茶产业和茶文化的同时，积极推动休闲旅游产业发展，推出了"茶农生活体验游""茶园漫行游""森山公园亲子游"等多种乡村旅游模式，实现由喧闹的农家乐村逐渐转变为"慢生活""深呼吸"的茶乡小村。天下爱茶者无数，杭州人中许多是龙井茶的"铁杆粉丝"，特别是到了节假日，他们总喜欢到周边过过优雅生活，因此，到上城埭村的游人越来越多。村内的精品民宿、农家乐、茶楼也如雨后春笋般出现。到2019年底，村庄内共有精品民宿经营户21家，茶楼、农家乐近50家。2019年全村共接待游客近40万人次，乡村旅游收入，其中包括农家乐、精品民宿所带动的农产品销售，共达4000余万元。

今天，你走进上城埭村，会充分感受到这里是龙坞茶镇最聚人气的乡村，远远就可以看见村头高高耸立的龙坞地标景观"大茶壶"。村民们也各显神通，让自己的庭院成为村中最靓丽的窗口。有的村民屋前是一个将近120平方米的小庭院，种满了各种不知名的花花草草，院子一隅摆着嶙峋假山，还有些奇形怪状的石头。春暖花开的时候，你会看到一个色彩缤纷的农家院子。村里还建了一个大花园——杭州龙坞花园，占地约1.2万平方米，有盆栽花卉及园艺产品5000多种。不仅花卉品种多多，而且在花卉展示形式上与众不同。这里把醉蝶花、波斯菊、密花千屈菜等花卉的生产基地，布置成了整片开阔的花田景观。培育月季、兰花以及各种水生植物等的专类花房利用温室，集花卉生产与展示于一体，建有四大专类花园。其

中的玫瑰花园，集中展示藤本月季、灌木月季、大花月季、地被月季等；芳香花园中遍植米兰、夜来香、栀子花、迷迭香等芳香类植物，以及红枫、鸡爪槭等观叶植物；水花园展出的荷花与睡莲品种，花色非常丰富；兰花园展出的兰花有各个季节的品种。杭州龙坞花园引得许多客人来访。种花使许多村民的生活习惯也随之改变。村民们空下来就到花园里逛逛，挑一两盆心仪的花，美化自家的庭院。

上城埭村不仅有美丽的村庄和绿油油的茶园，村边还有一个光明寺水库，位于茶村西北侧，水库面积超2.67万平方米，蓄水量达11万立方米，被誉为"杭州小九寨沟"。我多次去过这个水库，这里森林茂密，碧水清澈，层峦叠嶂。一条小石板路从山脚下直通库区，是游客踏青、露营、垂钓的好地方。水库周围的平地特别适合露营或野餐，周围还有许多舒适有文化格调的民宿。这里还有一条国际山地自行车赛道，被不少骑行爱好者誉为"浙江最美赛道"。你可以沿着若隐若现的茶园小路骑行，途经何家村、上城埭村、慈母桥村、龙门坎村4个村落，穿行于乡村民宿、茶园、水库、溪流之间。

上城埭村 一年四季绿意盎然

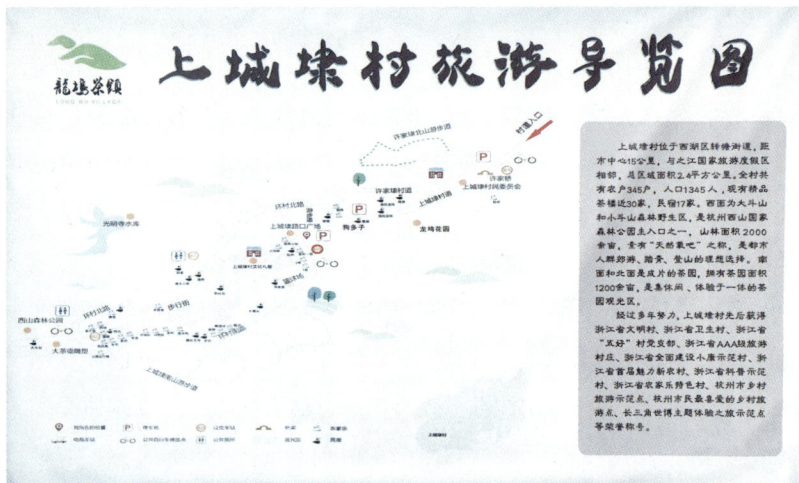

上城埭村旅游导览图

当下，当地正在全力打造龙坞茶镇，这个茶镇是浙江省内唯一一个以茶叶为主题的特色小镇。其定位是以龙井茶文化产业为主导，集乡村旅游与民俗体验、文创产业、运动休闲产业、养生健身产业于一体，走精品化和国际化的路线，形成茶产业集聚区，展示龙坞最有特色的茶文化。龙坞茶镇已形成"镇—村"系统，从划定的3平方千米特色小镇范围外溢至整个龙坞地区共24.7平方千米，覆盖10个村。以特色小镇为龙头，打造完整的大龙坞景区。龙坞10个村按"一村一品一特色"的规划思路，在小镇的带动下，以茶为媒，开展茶产业与旅游、文化、康养等产业的融合，使原住民、各年龄段的新住民、游客、"创客"等各种人群都能融入龙坞丰富的茶文化生活。而居于其中的上城埭村，借助这个茶镇的发展，一定会迎来更加美好的明天，我也一定会更多地到上城埭村走走，多多地享受那里的茶文化与茶叶的芬芳。

总书记回过两次信的村庄

——宁波市余姚市梁弄镇横坎头村

村庄名片： 横坎头村位于宁波市余姚市梁弄镇南部，村域面积7.3平方千米，农户871户，2473人。村设党委，下设6个党支部，现有党员166名。抗日战争时期，浙东抗日根据地的党政核心机构设在横坎头村，该村享有"浙东红村"的美誉。2020年，全村人均可支配收入突破4万元，村级集体经济可用收入超1000万元。横坎头村先后获得全国文明村、全国乡村治理示范村、中国美丽休闲乡村，浙江省文明村、省历史文化名村、省全面小康建设示范村、省农村基层党风廉政建设示范村、省民主法治示范村、省绿化示范村、省森林村庄、省卫生村、省特色旅游村、浙江魅力新农村等荣誉称号。

一个阳光特别灿烂的日子里，我到了余姚市梁弄镇横坎头村。这个村位于美丽的四明湖畔，上方有百丈岗水库。相传，历史上这里溪流汹涌无情，常常泛滥成灾，于是先祖们砌了一座横贯南北的堤坎阻挡洪水，故村名定为横坎头。

我走进横坎头，首先被一块大石头吸引，上面写着"浙东红村——横坎头"，这是原中共浙江省委书记薛驹题的。转身，看到做得像一面

浙东红村——横坎头

党旗状的红色村名牌"横坎头村"

党旗的牌子"横坎头村",光从这个村名的样子,你就能切实地感受到它的与众不同——红色文化的积淀非同一般。路旁立着一块大牌子,上书"全国文明村横坎头"。村名石旁,一条清澈的溪流静静地穿过整个村庄,绿化带被打理得整整齐齐,平静的水面倒映着河边的建筑与树木,给人一种安详的感觉。村口广场上,建了一条红色长廊,贴着不少红色对联,最前面的对联写着:"不忘初心传承红色基因;牢记使命建设美丽乡村。"边上有一组雕塑,有一名女子,代表着四明山,在她的边上是革命战士。这组雕像名为《四明情怀》,形象地讲述了四明山养育革命战士、开辟红色根据地的故事。我站在《红色梁弄党建文化导览图》前,品味着梁弄的红色文化给我带来的追忆与思绪,当年革命者浴血奋战的场景仿佛就在眼前。旁边的入党誓词,可以让人想象许多党员站在这块红色土地上向党宣誓的景象。这片红色文化浸润的土地就是习

红色长廊

近平总书记两次回信的地方。

2003年1月底，时任中共浙江省委书记的习近平同志到浙江工作不久，就来到四明山革命老区考察。他在梁弄镇考察了两天，分别听取了横坎头村、梁弄镇和余姚市老区建设情况汇报。习近平同志在座谈会上指出：只有老区人民富裕了，才谈得上浙江人民的共同富裕；只有老区人民实现了小康，才谈得上浙江真正实现全面小康；只有老区达到了现代化目标，才谈得上全省提前基本实现现代化。

作为革命老区的横坎头村地处偏远的山区，交通十分不便，当地发展缺资源，一直没有好的产业支撑发展，所以长期以来，横坎头村处于相对贫困的状态。过去有人形容横坎头村为"山大石头多，出门就上坡"；当地民谣还说："横坎头横坎头，横看竖看看不到头。"直到改革开放以后，农民的温饱问题才得以解决。由于受各种因素的制约，要获得更大的发展就比较困难了。到21世纪初，村里还没有通自来水，进村的道路"晴天一身灰，雨天一脚泥"，村民们收入微薄，村集体负债约45万元。村里年轻人大多走出去打工了，剩下的是老弱妇孺，人称"386199部队"，也就是只留下过三八妇女节、六一儿童节和九九重阳节的人。横坎头村渐渐地成了"空心村"。这样的村怎样才能奔小康？怎样才能走上发展之路？这一直是横坎头村党员干部思考和苦恼的问题。习近平同志来到这个村考察，讲的这一段话，给村党员干部打了一针强心剂。党员干部们顿时兴奋起来，他们围在一起商议怎样按照习近平同志提出的要求，谋划横坎头村的未来发展。

2003年2月8日，是农历新年上班第一天。横坎头村的党员干部们决定给时任浙江省委书记的习近平同志写一封信，汇报新春的新打算。习近平同志在3天之内就给他们回了信。2003年2月11日，习近平同志在回信中说："来信收悉，看到你们村两委在新年上班的第一天就研究全村的发展大计，我感到非常欣慰。对你们下一步的目标打算和工作措施，我完全赞同。希望你们在新一年里，深入贯彻落实党的十六大精神，按照省委十一届二次全会的工作部署，发扬老区的优良传统，保持艰苦奋斗、自力更生的精神风貌，解放思想，与时俱进，加快老区开发建设，尽快脱贫致富奔小康。"习近平同志的回信，让村里的党员干部和村民们激动不已。毕竟横坎头村是一个具有深厚革命传统和浸润红色精神的地方，党员干部和农民群众的干劲绝对是不一样的。于是，一场改变村庄面貌，实现农民尽快脱贫致富奔小康的战役打响了。

那么，怎么实现发展呢？横坎头村党组织认准村里要抓住发展绿色农业和红色旅游这两条道路。发展绿色产业是从种樱桃开始的。俗话说，"樱桃好吃树难栽"，樱桃挂果要3年，而且樱桃果实保存期短，所以起初村民对种樱桃还是担心有风险，对村党支部的这一号召并不积极响应。为了消除村民们的顾虑，党员干部带头先搞了70多亩集体樱桃园。头两年，村干部心中也没底，惴惴不安。第三年，樱桃大丰收，村里村外停满了前来采摘的私家车。最后每亩樱桃收入超过了1万元。村民们信服了，村党组织抓住机遇推动村里种植樱桃，免费给村民们提供樱桃树苗。慢慢地，村里种植樱桃的规模越来越大，种植樱桃的村民也越来越多，共种了800多亩樱桃，每年樱桃为村民们增加了超1000万元的收入。尝到甜头的横坎头村民，在樱桃产业摸索成功的基础之上，开始扩种杨梅、蓝莓、猕猴桃等特色水果。全村樱桃、茶叶、杨梅、猕猴桃、蓝莓等种植面积1000多亩，村内建起了休闲农业观光采摘基地10余个，培育家庭农场20余家，有效地加快了当地群众增收致富的步伐。横坎头村还打造了月月闻花香、季季有果吃的名声，从而变成了一个大花园和大果园，成了人们周末度假、休闲旅游、田园采摘的好去处。每到周末，城里人蜂拥而至，采摘水果，吃农家菜。旅游产业不仅给村里带来了游客，也给村民带来了就业岗位。村里建起了乡村旅游综合体，办起了一批农家乐，还创出了"红村大糕"等品牌。现在的横坎头村，路边到处是销售红村大糕的店。这些大糕上，还印上了"初心""使命"等文字，把一个大糕也变成了红色文化的载体。

在发展绿色农业的同时，横坎头村大力推动发展红色旅游。横坎头村的红色资源是得天独厚的。浙东（四明山）抗日根据地旧址是全国19块革命根据地之一，横坎头村正是浙东（四明山）抗日根据地的中心所在地。中共浙东区委旧址、浙东行政公署旧址、《新浙东报》报社旧址、浙东银行旧址、谭启龙同志旧居等，这些响当当的红色资源都在横坎头村。特别是《2004—2010年全国红色旅游发展规划纲要》出台后，红色旅游发展迎来了一个新高潮。村党组织下决心抓住这个发展机遇，立足本地优势，挖掘红色资源，对红色旧址群进行全面的保护性修缮。当时这个旧址群里尚有27家住户，要发挥这些旧址的红色教育功能，必须先做好搬迁工作。住在里面的党员带头在搬迁协议书上签字，并动员其他住户早日搬迁。很快，旧址群被修葺一新，新建了游客中心，完善了各种配套设施。横坎头村的红色旅游发展上了快车道，从起初的年均2万人次左右，一下子翻了好几番，来参观旅游的人太多，接待工作经常忙不过来。尝到了发展红色旅游的甜头，横坎头村人的干劲就更足了。从2005年起，村里进一步改造提升了一系列旧址并相继对外开放。到2011年底，红色旧址群景区成功创建为国家3A级景区。旧址群景区先后被评为国家国防教育示范基地、浙江省国防教育基地、浙江省干部教育培训现场示范基地。

横坎头村的发展道路越走越宽，村里旅游度假、创意研发、会议培训、影视拍摄等服务产业一项一项地发展起来，许多游客慕名到横坎头村体验红色文化、感受乡村生活、品味农家味道、呼吸新鲜空气，横坎头村旅游成了梁弄镇和四明湖的一张金名片。

在生产发展、生活质量不断改善的同时，横坎头村积极推进精神文明建设，大力培育红色村风、文明乡风、良好家风。村里的能人和聘请的一些文艺工作者，创作出了《我听老党员讲革命故事》《十五年十五个小故事》等一批红色文艺作品，组建了"红色宣讲团"，开设"红色电台"，广泛传播红色文化。村里还建起了红色村史馆，举办"红村文化艺术节"，组织推荐评议"最美红村人"，积极传播文明正能量，让红色阵地永不褪色。这个曾经名不见经传的小山村，如今成为全国红色旅游的经典景区，2018年来横坎头村参观的游客数突破了70万人次，游客来自全国28个省（区、市）。横坎头村逐步变成了一个各业兴旺、百姓幸福、村庄美丽、治理有方的先进村，不仅村民们越来越富了，而且村里得到了很多荣誉，先后获得了全国文明村、全国乡村治理示范村、中国美丽休闲乡村等荣誉。

2018年，在习近平同志考察横坎头村15年后，村干部们提议，给习近平总书记再写一封信，汇报15年来横坎头村的发展变化。习近平总书记很快回信。2018年2月28日，也就是在全国"两会"之前，习近平总书记给横坎头村党员干部回了信，使全村党员干部和村民们兴高采烈、激情满怀。习近平总书记在回信中说："很高兴收到你们的来信。15年前到你们村的情景我都记得，我一直惦记着乡亲们。这些年，村党组织团结带领乡亲们艰苦奋斗，发展红色旅游，利用绿色资源，壮大特色农业，把村子建设成了远近闻名的小康村、文明村，乡亲们生活不断得到改善，我感到十分欣慰……办好农村的事情，实现乡村振兴，基层党组织必须坚强，党员队伍必须过硬。希望你们不忘初心、牢记使命，传承好红色基因，发挥好党组织战斗堡垒作用和党员先锋模范作用，同乡亲们一道，再接再厉、苦干实干，结合自身实际，发挥自身优势，努力建设富裕、文明、宜居的美丽乡村，让乡亲们的生活越来越红火。"

习近平总书记的回信让横坎头村成了远近闻名的"明星红村"，也给横坎头村的发展带来了新的推动力。横坎头村的党员干部，按照习近平总书记提出的殷切期望与要求，传承老区红色基因，带领全村乡亲们，努力打造"全国乡村振兴样板村"。他们研究制订了《横坎头村打造全国乡村振兴样板村三年行动计划》《横坎头村乡村振兴规划》，20余项基础设施工程被提出，一个个重大农旅产业项目接踵落地。总投资约32亿元的"山水绿活"时光小镇一期项目已经开工。该项目以"绿水、绿吃、绿境、绿山、绿乐、绿养"为主题，计划打造一个集乡村休闲度假、观光旅游、户外运动、科普教育、生态探险等于一体的综合性乡村型旅游度假区。另外，总投资约6.5亿元的"希望的田野·横坎头田园综合体"项目正式签约。该项目以乡村振兴战略为核心，立足横坎头村独特的红色传统、农业基础、山水生态，以新希望集团有限公司的产业积累为依托，通过区域统筹、产业赋能、功能提升、新农民培训，构建涵盖红色旅游、养生度假、亲子教育等的全域旅游体系，主要业态包括红色文化沉浸式体验，拓展培训及亲子教育，小水果产业观光休闲、加工与品牌包装，新希望绿领学院，现代农业、示范农庄与乡土文化体验，康养度假，特色民宿，等等。横坎头村希望以此努力将村庄

村中一景

打造为国家级田园综合体、红色旅游创新发展新样板、革命老区乡村振兴示范区。远期拓展合作范围为梁弄镇四明湖周边及四明山余姚部分片区，意图开发康养度假、高端民宿、休闲运动、旅游地产等全域旅游子项目。并且，浙江四明山新希望绿领学院也挂了牌。

伴随着以上发展，横坎头村的服务设施与村庄环境也在不断得到改善。村里建起了环境优美、健身设施齐全的农民公园，村中心沿着梁让大溪一侧，形成了一条"红村小街"，稻田里客栈、红村大糕店等一批特色门店开门营业。村里已有4家精品民宿、8家农家乐。横坎头村还充分利用1000多亩樱桃、杨梅、蓝莓等特色水果林，发展特色休闲农业，培育出多家家庭农场、多个水果观光采摘基地；启动了农村"美丽庭

村中的溪与桥

院"建设计划，大力改善整个村庄的环境。许多村民的庭院内，绿树成荫、鲜花怒放、盆景各异、整洁有序，不仅改善了村民的生活环境，而且扮靓了村容村貌，使横坎头村真正成了一个红色文化与绿色发展相得益彰的美丽村庄。

现如今，村里每年接待游客超过110万人次，旅游总收入近2亿元。横坎头村的未来让人充满期待。按照《横坎头村打造全国乡村振兴样板村三年行动计划》，到2020年，全村人均可支配收入将突破4万元，村级集体经济发展能力增强，可用收入超1000万元。

农村走向未来，离不开党组织的带领与引领。村党委按照习近平总书记回信中提出的要求，发挥好党组织战斗堡垒作用和党员先锋模范作用，探索建立以"小板凳"为形式的密切联系群众的方式。他们以自然村为基本网格，建立6个"前哨支部"，支部书记均由联系自然村的党员村干部担任。党员家中的小板凳摆一摆，就是"前哨支部"的"书记办公室"。与此同时，党员们还要常坐群众家中的"小板凳"，不管大事小情，哪怕只涉及一户群众，党员干部都要到群众家里的小板凳上坐一坐，面对面听取他们的意见。为了让这张"小板凳"常坐常热，村里建立了一套"联六包六"的党员服务机制。该制度要求每个党员联系和承包服务6户村民，党员对联系户做好收集群众意见反馈、化解矛盾纠纷、传达重大事项等6项工作，要求每位党员每月走访联系户不少于1次，并做好联系记录。

我即将离开横坎头村时，站在写着"幸福都是奋斗出来的——将来的你一定会感谢现在奋斗的你"的墙前，心中不由得想，红色文化就像一个地方的阳光，只要有合适的环境，就能发挥出非同一般的能量，让一个地方出色出彩。

"幸福都是奋斗出来的——将来的你一定会感谢现在奋斗的你"

文化善治凝聚万人村庄

——宁波市慈溪市崇寿镇傅家路村

　　村庄名片： 宁波市慈溪市崇寿镇傅家路村位于崇寿镇西部，东邻镇工业园区，南邻市绿色食品园区，西接傅福村，北连七塘江。2000年，由原傅家路村、四灶路村、老湾村、农场村合并而成，村域行政面积约5.1平方千米，总户数2197户，户籍人口5359人，外来人口4700余人，村民小组46个，村设党委，下设6个网格党支部，共有党员213人。2019年村经济总收入约10.9亿元，村集体经济收入约1456万元，村民人均年收入约3.9万元。先后被评为全国民族团结进步创建活动示范村、全国综合减灾示范村、全国妇联基层组织建设示范村、全国乡村治理示范村、浙江省美丽乡村精品村、省文化示范村、省森林村庄、省卫生村、省农村社区建设示范村、省美丽宜居示范村、省引领型农村社区建设示范村、省小康体育村。

　　那天真的是一个好日子，蓝天白云，阳光灿烂，在当地人的陪同下，我走进了慈溪市崇寿镇傅家路村。首先映入眼帘的是一座古朴典雅的两层建筑，灰砖木门、花格窗户，高挂着几排红灯笼，上书"文化礼堂"。浙江省从2013年开始建农村文化礼堂，傅家路村就是第一批建文化礼堂的村庄之一。走进文化礼堂，看到一段颇有文采的文字："敦厚、朴实的民风，孕育了傅家路的文明乡风。追溯先民，从河南、绍兴等地迁徙而来。他们用长满厚茧的双手，开荒拓土。历近200年的日升月沉，终使5.1平方千米荒滩变桑田。这种勤奋、顽强、不屈的精神，养育了一批又一批莘莘学子、能人志士，惠泽乡里，造福桑梓。今天，我们站在先辈们围垦的圣土上，追寻溯源、奋力争先、求索前行，用创新的思维、开放的理念，用心绘制村强民富、村美民乐、村融民和美丽画卷！"

中国文化的根在农村，乡村"土秀才"的水平经常让人目瞪口呆。看了傅家路村文化礼堂的这一段文字，你就不会小看这个村庄。一段优美、凝练、简洁的文字，讲清了过去、现在和将来，讲清了村庄的来历及先辈们留下的精神积淀，更是讲清了新一代村民的使命与担当。我们认识傅家路村，就是从这个文化礼堂开始的。

傅家路村原住民有5300多人，外来人口4700多人，总共有1万多人。这在一些人烟稀少的地方，可能等于一个镇的人口。同时，村里有18个少数民族。民族多样，人口数量庞大，生活习惯多元，文化背景复杂，不可避免地会导致一些冲突的发生。新老居民在烦琐事务间产生纠纷，不同习惯带来各种矛盾，"万人村"3个字的背后，是社会治理的高难度，是对村干部的考验。

在新时代，社会的融合一定需要文化的融合。我曾听一位基层干部说："在计划经济时代，我们做群众工作的领域是经济领域，大家都在一个企业上班，或是在一个生产队劳动，做群众工作只要在企业或在生产队就可以了。改革开放以来，随着市场经济的发展，人们从业的多样性、分布的分散性大大增加，因此，现在做群众工作的领域已经转移到文化领域。搞经济各干各的，搞文化活动，所有的人都会来参加，有务农的，有打工的，有经商的，与职业无关。"我听了，感到十分有道理，相信傅家路村的干部们也会有同样的看法。

2013年，为了贯彻落实党的十八大精神，加强农村精神文明建设和文化建设，进一步提升农民文化生活水平，完善农村文化设施，为农民打造精神家园，浙江省启动农村文化礼堂建设。傅家路村党委书记陈沸沸考察了试点村文化礼堂的建设工作，"脑洞大开"。一直把"人心是傅家路村振兴的根源"作为自己工作信条的陈沸沸书记认为，建设文化礼堂是推动万人村建设，凝聚人心，从精神文化上融合村民的好办法。他认为，文化礼堂的建设与发展经济同等重要，因为富裕起来的农民需要精神和道德上的引领。回村后，他立即召集全体党员和村民代表开会，讲了自己的所见所闻，提出建设文化礼堂的设想。但是，当时文化礼堂是一个新鲜事物，许多人不了解，所以认识不一致。陈沸沸对大家说："信基督教的有教堂，信菩萨的有庙堂，过去村里有祠堂，你们说咱们村这么多的村民要不要有一个文化礼堂？"一席话让大家茅塞顿开，村里全票通过了建设文化礼堂的提议。

同意建文化礼堂简单，但如何建文化礼堂和如何让文化礼堂体现傅家路村自己的特色，是一个迫切需要解决的问题。"三个臭皮匠，顶个诸葛亮"，办事听大家的意见是傅家路村的传统。村里通过各种途径请村民们献计献策。"村里年轻人多，能不能建一个篮球场？""我们打拳的能不能有室内场地？"从本地村民到外来务工人员，从老年人到年轻人，各种群体的想法最终变成了一个个具体的项目，描绘出了文化礼堂的施工图。2013年8月，傅家路文化礼堂正式动工兴建，"众人拾柴火焰高"，在群策群力之下，600多平方米的文化礼堂仅用4个月便建成

文化礼堂

了，内设"乡风文明馆""'三北'学堂""民族亲和馆"，周围还逐步建起了文化公园、农民广场和阿拉戏台，以及50米长的宣传长廊。

当你走进傅家路村文化礼堂，首先看到的是村史村情，让新老村民和每一位来客了解村庄的历史与现状。接着是历届主要村干部的姓名。村庄发展离不开村干部的带头作用，永远不能忘记他们的贡献，这也是凝聚一代又一代干部的好方法。傅家路村文化礼堂中还陈设了320多件老物件，来自130多户人家，都是本村村民自愿捐过来的旧家具、旧瓷器、旧农具。做木匠的师傅拿来了角尺和刨子，做鞋子的老婆婆拿来了鞋模……村书记陈沸沸说："开馆当天上午，一位80岁老太太得知后，赶着送来一把茶壶。另一位村民看到馆里没有做豆腐的工具，特意跑到上虞的娘家带了一套过来。"文化礼堂让这些老物件有了安放之地，也让村民有了缅怀历史、回味故事的地方。我参观这个文化礼堂，看到这些带着岁月沧桑和时光印迹的犁鞍、弹棉花的弓、旧茶壶，过年时做年糕的木雕印模、小木桶等，就想起了自己的童年。这些都是人们很熟悉的家当，上面都有历史的记忆与岁月的故事。相信它们一定会让与我同年代的人们感怀，让年轻人惊讶往日生活的简朴与简单的幸福。文化礼堂中，还有满墙的蝴蝶标本，据说出自社区保安之手。还有各种书画作品，它们都来自本村乡土书画家。文化礼堂设有"慈孝榜""寿星榜"，让村民们学习身边的榜样，从而感悟到精神和道德的力量。文化礼堂中还展示了当地的土特产以及主要企业与产品。

值得一提的是二楼的"民族亲和馆"。傅家路村共有18个少数民族，白族、彝族、苗族、壮族都有。为了增强各民族群众的凝聚力，文化礼堂特别设置"民族亲和馆"，展示他们别样的民族风情。门口，国家民族事务委员会颁发的"民族团结进步创建活动示范村"铜牌格外醒目。门内，一幅少数民族少女的画像鲜艳美丽，圆形的画框象征着民族团结。馆内悬挂着傅家路村民族工作的举措与方法介绍栏；各种少数民族同胞的画像，以及陈列着的琳琅满目的民族服装、挂饰，大部分是由村里的少数民族群众捐赠。还有一个排练厅，村民们经常在这里举行自己民族的文化活动。为了提高文化礼堂对外来务工的新居民的吸引力，村干部还请新居民当文化礼堂的讲解员，让他们用自己家乡的方言讲解。以文化礼堂为情感纽带，生活在傅家路村的新居民在第二故乡找到了"根"。在文化礼堂外的文化广场上，竖立着村规民约的雕塑牌，上面写着："万人村，民族多，心相融，一家亲。"傅家路村的新居民，看到这段话都感到特别亲切。他们说，在傅家路村根本感觉不到自己是外乡人。

现在，每当晚饭过后，傅家路村文化礼堂内外总是人声鼎沸，室内参观的、听课的、做手工的、看电影的，热闹非凡。村里铜管乐队的成员齐聚一堂，为演出做精心准备。文化礼堂还不定期举办各类讲座，吸引了很多村民参加。想学钢笔书法，有专业培训班；想学养生保健，有医院专家开设的健康讲座；想学法律法规，可参加普法培训班。还可以学习十字绣、标本制作、剪纸等民间文化艺术技能。室外，村民们在文化礼堂前的农民广场和文化公园中跳排舞、打太极拳、唱红歌、打篮球、练扇子舞，在文化长廊散步。村民们不分男女，不分籍贯，不分民族，每个人脸上都挂着身为傅家路村人的幸福笑容。

文化礼堂已经成为傅家路村民的精神家园和文化乐园，成了村民爱学、爱看、爱来的众家祠堂。有时候在农民广场上有戏剧演出，各镇各村来了好几千人，大部分人站着也要看。最重要的是，文化礼堂的建设和文化活动的开展，让优秀传统文化与社会主义核心价值观相融合，教育村民，凝聚人心。村里组建了8支村民文体队，长年不间断地

农民广场

进行各项乡村文艺和文化活动，组织开展乡村篮球赛，宣传各项政策，传播先进文化。村里举办"邻里文化节"，引导村民创建和睦邻里、和美家庭，做到新老居民和谐相处。村民们说，文化礼堂是傅家路村的村庄客厅，亲戚来了，都愿意带他们来这里看看。一些土生土长的傅家路村人，更是把文化礼堂和周边设施作为生活中重要的一部分。文化礼堂外，新老村民们通过一起打篮球、看露天电影，增进了彼此的感情。每年暑假，文化礼堂面向新居民子女开办假日学校，解决了新居民的后顾之忧。以文化礼堂为核心，村民们的精神风貌得以提振，生活观念得以改变，新老村民得以团结。很多人评价，有了文化礼堂，村里风气越来越好了。傅家路村文化礼堂先后荣获宁波市十佳文化礼堂、浙江省首批五星级农村文化礼堂等荣誉。2016年，浙江省文化礼堂推进会把傅家路村作为一个重要的考察点。

傅家路村凝聚人心不仅仅是从2013年建文化礼堂开始的。陈沸沸始终记得，2006年，那是他担任傅家路村党支部书记的第一年，也是傅家路村刚刚完成4个自然村合并，走上发展之路的开局年。当时的傅家路村，小村观念强，外来人口多，有人评价它是"一盘散沙"。作为土生土长的本村人，陈沸沸怀着一腔干事创业的热情，提出"书记要公心、班子无私心、党员无派心、全村一条心"20字箴言。无论是道路硬化拓宽、河流疏浚美化等建设项目，还是低保大病救助、居家养老服务等民生实事，村党委班子都站在全村的视角通盘考虑，就像村规民约上写的"村至上，民为大，公在先"那样，做到"一碗水端平"。短短几年，傅家路村利用政策盘活复垦土地，得到上级各类补助上百万元，建起了约2500平方米的农贸市场、约2300平方米的标准厂房、约4.8万平方米的硬化道路。

　　傅家路村在村庄治理中总结了"集众家智慧，聚众家力量，定众家规约，建众家礼堂，谋众家福祉"的信条，坚持"众人事、众人商、众人办、众人治、众人享"，使村民自觉参与到征地拆迁、垃圾分类、五水共治和美丽乡村建设中来，变"干部干群众看"为"干部群众一起干"，并做好村级权力有效监督。推动建立村级商会、乡贤参事会、协商民主小组、少数民族联合会、退役军人联合会"五位一体"的村级议事协商载体，民事民议，民事民办，民事民管。广泛开展党建联盟，通过村企共建、党派联建、部门联村、机关联动、网格统建等多种形式，助力村级集体经济增收和乡村振兴。

　　傅家路村党委在文化治村上探索出了一整套办法。建起了新时代文明实践站（文化礼堂），办起了邻里文化节、乡村艺术节，以家风家训、村规民约为契约教育村民，开展"最美人物""最美家庭"等评选活动，唤起村民的责任感和主人翁意识，实现"乡村塑魂"。他们制定了228字的村规民约"三字经"，包含"村在上，民为大，公在先，家是根"，通俗易懂，朗朗上口，将家情、邻情、乡情与村庄建设、生态保护、环境卫生、教育培训、建房审批、和谐家庭、道德礼仪等紧密贴近村民生产生活的各个方面串联在一起，鼓励全体村民团结互助、共创美好家园。村规民约成了乡风文明的主载体、村民恪守的行为准则，也成了村民引以为傲的价值观认同。村里还广泛开展"晒家风家训、讲家风故事"活动，组织农户将村规家训制作成牌匾上墙挂在庭院门头、屋内厅堂，将家规家训与邻里一同分享，倡导夫妻和睦、尊老爱幼、科学教子、勤俭节约、邻里互助的文明家风，并组织有威信和号召力的老同志、老党员、老教师入户宣传家训格言，讲家训故事，将"家规家训"送上门，逐步形成了一户一规、一家一训的家风内容。并把村民遵规守约情况作为评比"最美家庭""星级文明户""卫生示范户"等系列评先树优活动的重要依据。每年评选"三和家庭"和优秀新村民，评选"和睦邻里""和美家庭""和谐新邻居"和"优秀新村民"，以榜样的力量引领群众见贤思齐、崇德向善，弘扬社会主义核心价值观和尊老爱幼、扶贫济困、邻里互助的传统美德。

今天，你行走在傅家路村，会发现每个农户的庭院门口都挂着一块红色的牌子，上面写着户主的名字和联系党员的名字，以及村规和家训。村规相同，家训各不相同。有的写"立志、守信、尽孝、重义"，有的写"团结邻里、与人为善、明理处事、诚信为先"，等等。这些红牌子是构成傅家路村淳朴乡风的细胞和傅家路村最美丽的风景线。

傅家路村精神文明建设和文化建设抓出成效，经济发展也进入快车道。村级集体经营性收入从过去的10余万元跃升到现在的460余万元，

傅家路村一家农户庭院门口

近年来累计投入公共建设资金2000余万元。在村庄建设过程中，"利用创建求发展、利用政策筹资金、利用项目改面貌"，为村庄发展不断注入新动能。同时，以实现农民增收致富为目标，通过农村土地流转，推动现代农业集约化经营，促进农业增产；通过村企结对，鼓励剩余劳动力进厂务工；通过发展农村电商，拓宽农户增收渠道。傅家路村成功创建了宁波首个"浙江省电子商务示范村"。

傅家路村的名气越来越大，来村里旅游观光的人也越来越多。美丽的村庄到处都是风景。你可以游览塘角河埠头，在以水运为主要运输工具的年代，这里是大海与陆地间货运和客运的集市码头。每天早晨，船老大清脆的海螺声催促着外出远行的船客。河埠的船每天都按时出发，许多有识之士满怀着憧憬与希望从这里启程奔赴他乡。这里也是当地籴米买薪的商品交易繁忙之地。现在，你可以在河边的雕塑中，从墙上的介绍中，从大型的壁画中，感受往日的时光；可以到河边的游步道漫步，品味新农村的美好；也可以穿行在村庄的小巷中，看看百姓自我满足的农家生活；不经意间，你还可以在人家的院子里看到晒着的小鱼干和腊肉。当然，无论如何，你一定要去农民广场与村民们一起参与各种文化活动，更要参观一下我上文已介绍了很多的文化礼堂。在那里，你可能会有新发现。有孩子的，我建议你找一家农户，让你的孩子在农村生活几天，让傅家路村的村规民约和家训家风熏陶一下你的孩子，这一定大有裨益。

我走在村庄里，真的有点舍不得离开，心想：现在有不少人感到村庄治理特别难，有的村在发展中把优秀的传统文化都丢掉了；如果学学傅家路村的经验，村庄一定会治理得更好，也一定会给乡亲们创造更好的未来。

塘角河埠头的雕塑，记录的是当年籴米买薪的繁忙之景

沿塘角河一景——美丽的墙壁画

流淌楠溪江文化的村庄
——温州市永嘉县岩头镇芙蓉村

村庄名片： 温州市永嘉县岩头镇芙蓉村，位于楠溪江中游西岸，离岩头村不远。村本无芙蓉树，因村西南有三崖摩天，赤白相映，宛若芙蓉，遂以芙蓉为村名。村庄现有481户，2031人。芙蓉村始建于唐代末年，为陈姓聚居之地。村里保存明清古民居30余处，明代大宅遗址5处，大小宗祠共18座。村庄大致呈正方形，坐西朝东。四周用卵石砌成的寨墙，长2000余米，高约2米，把整个村庄围起来。芙蓉村古建筑群于2006年被国务院列为全国重点文物保护单位。2017年，在浙江省第一批"千年古村落"地名文化遗产认定名单中，芙蓉村是温州市唯一上榜的村落。

儿时的乡愁，像人的影子，永远伴随在人的左右，一有机会就会现形。我老家在温州市永嘉县楠溪江畔，有永远流不完的清澈碧透的溪水。溪滩上望不到边的鹅卵石，被岁月打磨得像一颗颗光滑闪亮的宝石。茂密又总是摇曳着的滩林，不时地发出呼叫声。山谷中不停升腾的雾气，把绿水青山装扮得像仙境一样。一群接着一群掠过的鸟，总是带着远方的鸣声。视野从来走不出四周连绵起伏的山峦，让我从小不知道

什么叫地平线。楠溪江边星罗棋布的带有浓郁宋代建筑风格的古
村落，飘荡着袅袅的炊烟。鸡犬的叫声不时回荡在山谷之中。所
有这些，让楠溪江的每一滴水和每一块鹅卵石都充满故事。儿时
的我，就生长在这一片具有深厚文化积淀的土地之上。

读小学3年级前，我在永嘉县岩头镇生活过，芙蓉村就在边
上，所以经常去芙蓉村玩，也经常听到芙蓉村流传下来的故事。
芙蓉村本无芙蓉，芙蓉三峰在芙蓉村的西南面。沿着楠溪江进入
岩头镇地带，一定会看到3座醒目的巨石峰。朝霞照耀在芙蓉三峰
上，它们宛如盛开的芙蓉花，倒映在楠溪江中，婀娜妩媚，楚楚
动人。据说，芙蓉村的名字就是这样来的。

芙蓉峰有不少传说，我是坐在村头的凉亭里听老人们讲的。
说一位妇女在楠溪江边洗衣服的时候，拾到一个大蛋，就想拿回
家，手里端着洗衣盆，不好拿，就把蛋含在嘴里，一迈步，不
小心把蛋吞进肚子里了。数月过去了，她的肚子越来越大，也越
来越痛，但她只要登上高处，疼痛就会减轻，于是她就不停地登
高，最后就登上了芙蓉峰。在那里，她生出了一条白龙。现在芙
蓉峰经常缭绕着白云，人们说那就是白龙的化身。从此，我每次
抬头望见芙蓉峰，都会想起这位妇女和她生的白龙。还有，传说
古时候，一位将领（我长大以后才知道是陈虞之）率将士与敌人
战斗，被敌兵围困在芙蓉峰上，兵败，他纵身一跃，跳下了山
崖，把一枚黄金印遗落在山崖下。后被当地村民耕地时发现，遂
保存在村里。从此，凡是哪家孩子受惊吓生了病，大人就到村里
借这枚黄金印，用水煮一煮，让孩子喝下这金印汤，病就好了。
当然这只是传说，但不知道过去了多少年岁，淳朴的村民让这枚

黄金印一直传了下来。黄金在许多人看来是财富，这里的村民把它当作全村的一种信仰。

我曾听中国美术学院一位著名的建筑设计师说，楠溪江古村落群是浙江保存得最好的宋代建筑群。浙江的民居建筑大多是徽派建筑，只有楠溪江的建筑保留了宋代的式样。而芙蓉村是楠溪江古村落群的一个缩影，它几乎完全保留了宋元时期楠溪江古村落的风貌。全村大致呈正方形，坐西朝东。四周用楠溪江中取来的卵石砌成的寨墙，长2000余米，高约2米，把整个村庄围起来。从石缝里生长的植物和石头上斑驳发黑的印记中，你会感知村庄久远的历史。村里至今保存着明清古民居30余处，明代大宅遗址5处，大小宗祠共18座，主要有司马宅、陈氏大宗祠、将军屋、明伦堂、南寨门、三星祠、芙蓉亭、大屋遗址等，在中国建筑史和村落规划史上具有极为重要的历史价值。芙蓉村的古民居大多系砖木结构，有参差错落的屋顶、朴实素雅的造型、灰墙黑瓦的色调。其格局基本是四合院式的。正屋明间为堂屋，里面放着供桌、座椅，一般都挂着字画和匾牌。边屋为廊宅，是居住的地方。正屋与边屋构成三面围合形态，一家人住在一起更显温馨和睦。后来，一座房屋不一定是一家人住了，但邻里间相处照样其乐融融。端着自己的饭碗，到各家走走，看到好一点的菜，尽管往自己的碗里夹。这些房子的屋脊都是呈弧线状的，屋面平缓，出檐深远，厚厚的瓦片盖着一个温暖的家。房屋之间，大多有石砌矮墙相隔，鸡犬相闻，炊烟相合。我特别喜欢楠溪江古村落中这些院子的门庭，小时候经常用画笔画这些门庭。门庭也是人家的门面，门面是一家人家底的象征，所以每户人家对自家的门庭都很讲究。门庭上飞檐翘角，上面写着家训或祖上要求子孙后代遵循的信条。这里的人们还特别喜欢种果树，屋外总是绿荫浓浓。秋天，各种果实把村庄打扮得五彩缤纷，呈现出一派富足的景象。芙蓉村古建筑群于2006年被国务院列入第六批全国重点文物保护单位。2009年在第二届中国景观村落评比中被评为"中国景观村落"。2017年，在浙江省第一批"千年古村落"地名文化遗产认定名单中，芙蓉村是温州市唯一上榜的村落。

当地用石碑刻着芙蓉村古建筑群的说明，从中你可以了解到，芙蓉村始建于唐末。芙蓉村村民的先祖来到此地，见到这里山峰嶙峋，森林茂密，溪水清澈，地平土肥，四水归塘，认为此地绝对是风水宝地，于是筑屋定居。此处的3座高崖，形似古代官宦头上的纱帽，故又有纱帽崖之称，而村前流淌的楠溪江，酷似一条飘逸的腰带。腰带、纱帽都是

笔者（中）等一行人参观芙蓉村

官员佩戴之物，所以先祖想，在此定居，后代儿孙定会居官出仕，光耀门庭。不出先祖所望，后来其儿孙中果真出了不少才俊高官。据统计，芙蓉村陈姓族人中，考中进士、举人、生员的34名，历代在京任职的有18人，世称"十八金带"，今珍藏"十八金带"容图、玉笏、朝服及祭品、圣旨、金瓶、匾额等。其中以宋朝为多，官爵亦有显赫，村里至今引以为荣。1000多年来，村里人秉持"耕读传家"的传统，崇尚礼教，风盛耕读。《芙蓉陈氏宗谱》记载，村内"姓族繁兴，风气淳美，人尚礼教，家重师儒，弦诵之声，遥于闾里"，尊贤敬长，蔚然成风，"凡吾族子弟，为士者须笃志苦学，以求仕进；为商者须勤耕贸迁，以成家业，即甚贫乏者，亦宜清白自守，切不可习为下流，玷坏家声"。陈氏宗谱中记载的这种耕读社会传统，迄今仍盛传不衰。

芙蓉村在发展中几经磨难，数度遭损，又几经重建复兴。南宋末年，元兵南下，进犯温州。为响应右丞相文天祥号召，芙蓉村人陈虞之（1225—1279）率领族人乡众千余人赶赴抗元，但因敌众我寡，陈虞之率众边战边退，在楠溪江中下游与元兵展开了鏖战，终因寡不敌众，撤退到家乡芙蓉村后的芙蓉崖，与元军持续对抗达3年之久，历经艰辛，终因弹尽粮绝，陈虞之率先用黑布蒙住战马的双眼，带头跳崖，以身殉国，族众七八百人也紧随其后，全部跳崖牺牲。陈虞之，出身农家，由于勤耕苦读，于南宋度宗咸淳元年（1265）登进士第，善画，工墨竹。历任扬州府学教授、刑工二部架阁文字、广王府记室参军、秘书省和国史院校勘等职。对于以上故事，《芙蓉陈氏宗谱》有清晰的记载："元兵至温，公与族侄规公，率子侄、乡人千余，迎战于绿璋，退登芙蓉岩，据守三载。戊寅闻帝溺死，公自刎岩，遂溃，规公被执，不屈而亡。时，从死者八百余人，被虏者五十余人。闻者莫不涕泣崇祈。"芙蓉村人说，当时元兵进村以后，放火洗劫村寨，芙蓉村几近破灭。后经历数代百年，直至元末明初的时候，芙蓉村才渐渐恢复元气，家园得以重建。

现在所能看到的芙蓉村是元朝顺帝至正元年（1341）修建的，按"七星八斗"布局设计。所谓星，是指在石路上刻意拼花、高出地面10多厘米的方形石砌平台，"七星"翼轸分列，布局在村内主要道路的交会点上，既是道路拐弯的标志，又是战争时开展巷战的指挥联络点。所谓斗，是指散布于村寨内的大大小小的水池，具有消防和储水等功能。"八斗"呈八卦状散布于村内水渠的交汇点上，村民们别具匠心地沿寨墙、路道、民居错落有致地建起水渠涵洞，以沟通各斗。其中芙蓉池是村中最大的水池。长约43米，宽约10米，俗称大斗。现在芙蓉池旁也是村里的中心，许多大事都在这里举办。"七星八斗"布局，在和平时期可以用来防火，美化村庄环境，方便居民生活等。战争时期，"星"可以用来作指挥台，"斗"可以用来贮水以防火攻。构成"七星八斗"的道路和水渠，迂回曲折，形如三国时期诸葛亮八卦阵图变幻出来的迷宫。之所以想到贮水以克火攻，是因为芙蓉村人不忘那段被火烧的惨痛历史。并且，"七星八斗"也暗喻此处为福地，天上魁星降落凡尘，能使村子安康吉祥，子孙人才辈出。由此可见，芙蓉村的先民们在设计村子上极其用心并高人一筹。楠溪江沿线许多村庄的设计都可以看出深厚的文化底蕴。如芙蓉村边上的苍坡村，是按照文房四宝的理念设计的。有时，我们在新农村建设中，反而使村庄丢失了传统，变成千村一面，毫无特色，此事当诫。

也正是汲取战乱造成的毁灭性灾难的教训，历代芙蓉村民建设芙蓉村时特别重视防御抗战。村里的建筑、道路、围墙等的主体材料都是石头。楠溪江到处是石头，所以村民们祖祖辈辈就地取材，用石头建村庄。石头垒砌的墙基和用卵石铺设的道路，构建了村寨的基础。在芙蓉村，你一定会喜欢在这光滑的石头路上行走。这些道路，经过几百年来无数先人的行走，已经打磨得异常光亮。每一块石头都有一段历史。而高高的用石头垒起来的护村围墙，更是一道亮丽的风景，既具有防御和抵抗外来侵袭功能，也具有抗洪水的功能。

芙蓉村环绕村庄的围墙有7座寨门，东门是村子的正门，是古代村寨的主出入口，俗称溪门。从这个门的设置看，村子是封闭型的，村门一关，这个方向便没有通道可以进出。门内建有谯楼。由东门入内，是砖块与条石铺筑的村寨主街长塘街，又叫如意街，它是村民们在闲暇时间聚居闲谈休息之地。当地有歌谣唱道："天上天堂，地上芙王，有吃没吃，长塘街逛逛。"可见长塘街在当地的重要地位。村内的公共建筑和民居，以长塘街为中轴，向南北分布。长塘街，沿溪水东西走向，道路旁是潺潺的清澈流水。南北道路和长塘街交叉，道路与水渠的巧妙设计，形成了村庄舒适方便的生活空间。

我特别喜欢芙蓉村的书院。古时候，楠溪江多书院。据说宋朝时的书院数量约为唐朝时的10倍，南溪江以宋文化为主，故书院也特别多。为此村里秀才也特别多，不识字的农民生了孩子取名字，家人之间的读信写信或打个官司、立个契约，都得有劳这些秀才。历史上，芙蓉村就是采取以宗族公产为贫寒学生交学费的方法，为家族培养人才。南宋定都临安（今杭州）以后，芙蓉村倡导耕读，永嘉学派和永嘉"四灵"义礼并重的学说和寄情山水的情怀，对当时的民风世俗影响很大，村民们认为耕可致富，读可荣身。芙蓉书院也就办得很兴旺，现在芙蓉书院还

芙蓉村书院内景

是村庄重要的一景，在里面可以感悟古人读书的辛勤与快乐。现在我们有句话——一个村里，最好的房子应该是学校——而芙蓉村古时候就已经是这样。

　　徜徉在芙蓉村，你可以体验到小村生活恬静而充满生气。村庄里的房屋已经古旧，许多木板已经破损，墙面沧桑斑驳。历史的风雨，冲刷了这些古老的建筑，给它们留下了悠久的文化符号，也留下了诸多故事。正因为如此，在新村遍地的今天，你会更加觉得它珍贵与稀缺。而且，在这些村庄中，还流淌着活态的文化。楠溪江旁的村民都有一个习惯，晚饭后，一定会集聚在村庄的某一个亭子里或大树下，讲述亲身经历的或听说来的故事。芙蓉村里的芙蓉亭就是这样的一个聚集地。芙蓉亭，建于明代初期，占地面积约为51.5平方米，位于村落正中心，亭子飞檐翘角，通透玲珑，像是一朵盛开的芙蓉花。亭内修美人靠，村里

芙蓉亭

老少都喜欢聚集在亭子里，在这里谈天说地。虽然他们说的都是生活中极为琐碎的事，也许是道听途说，但是，村民们从这些道听途说中享受着节奏悠然缓慢的生活，品味着生活的快乐与幸福；也在这些谈天说地中，积攒着村民间的友情与挂念。我小时候曾经坐在这个亭子中，听人说村外修公路要建一座很长的大桥。后来才发现，这桥总共只有10多米，但是对于一些老人来说，这可能就是他们一辈子见到过的最长的桥了。但这并不影响他们的自豪感和满足感。

芙蓉村的村民们很会过日子。各种风俗习惯颇多，一年四季都会有一些民俗活动。这些活动很有意思，而且与众不同。当然最有意思的还是春节。正月里舞鱼灯是芙蓉村独特的景象。芙蓉村每年农历正月初一至十四都有舞鱼灯活动，鱼灯队32人，挨家挨户地游行，十分热闹。这也是一种祈福的方式。还有芙蓉村的陈氏大宗，是芙蓉村的礼制中心，也是村落里最高品位的公共建筑。在重要节日，这里都会举行陈姓族人供奉神主、祖宗牌位、聚会议事活动。每年农历正月初二起，这里都会举行祭祖活动，陈氏大宗的戏台上会有戏班子演三天三夜戏，让你一饱眼福。

一个从海外归来的团队，在外做过10多年的民宿，想把芙蓉村打造为"宋村"，他们的理念我特别赞同。不迁一户村民，不拆一间房屋。他们所做的事，是请村民把村庄打扫干净，把传统的手工艺都重新拿起来，做灯笼、编草鞋、绣花，等等；把村里的旧厂房、猪圈、牛棚等改为食堂、咖啡吧、书吧等；举办各种风俗节庆集市活动，吸引游客，也吸引一些设计师、文化人来村庄入驻，打造一批文化工作室。他们所做的事，还包括在节会中，请音乐家在古村落奏响时尚的乐曲，请歌唱家在古村落飘荡悠扬的歌声，让书法家书写久远的艺术，让商家摆出创意

笔者（中）等一行人观看芙蓉村村民的民俗技艺表演

的产品，让孩子们玩出自己的快乐，让楠溪江的美食填补空虚的肚子。他们的口号是："用一场欢聚，相遇江湖间，唤醒江南风骨，回到梦中江南。"我相信，最传统的东西与最现代的东西一旦相遇，一定会产生让人意想不到的神奇效果。乌镇的江南水乡与世界互联网大会的相遇就令天下人难忘。我期待，古老的芙蓉村会在新时代中展现出其独特的精彩与韵味。

矿工用故事打造的村庄

——温州市苍南县矾山镇福德湾村

村庄名片: 福德湾村位于苍南县矾山镇南部,沿鸡笼山明矾主矿区而建,是一座因采矾而生、炼矾而盛的矿工古村。村内拥有炼矾古遗址、雪花硐、矿硐遗址、矿工石头屋、古民居、312平硐采矿区等一批工业文化遗产,这些遗产具有极高的文物保护价值。村落集古矿硐、古街、传统民居、古老的生产技艺、近现代工业遗址于一体,被誉为"山地采炼矾传统村落"。福德湾村先后入选中国传统村落名录、中国历史文化名村名单,2016年9月荣获联合国教科文组织颁发的"亚太地区文化遗产保护荣誉奖"。2017年11月,在浙江省美丽乡村和农村精神文明建设现场会上,福德湾村获评温州市唯一一个省级3A级景区精品村。2018年初,温州矾矿入选国家工业和信息化部公示的首批国家工业遗产名单。

福德湾村是一个与矾矿紧密联系在一起的村庄。当年矿工居住的地方,慢慢发展起来形成了今天的福德湾村,所以,讲福德湾村的故事,不能不讲矾矿的故事。

我小时候在平阳县生活过,当时平阳县与苍南县属于同一个县,所以从小就对矾山和矾矿印象很深。我小学时就读过《祖国的矾都》一书，该书就是介绍矾矿的，读后感到明矾和矾矿很神奇，明矾用途很广，但我从来没有机会去矾矿看看。

这个矾矿位于浙闽交界的苍南县矾山镇境内，探明的明矾石储量约2.4亿吨，占全国明矾石总储量的70%、世界的60%，因此矾山镇素有"世界矾都"之称。当地炼矾历史悠久，明矾石开采和炼制可追溯到明朝洪武年间（1368—1398），迄今已有600多年历史，有4条挑矾古道和海上丝绸之路相连，明矾远销海外。该矿在社会主义建设的一段时间里做出了突出贡献。随着市场对明矾需求的下降和人们环境保护意识的提高，近10年来明矾产量大幅下降，当地打算开发工业遗存发展旅游业，邀请我去做文化策划，于是我第一次见到了童年时心目中的矾都。

矾矿厂遗址

关于矾矿的来历，有许多传说版本，有一个版本与永嘉人有关，我作为永嘉人，就认可这个版本。说的是明朝中叶，这里还是人烟荒芜之地。永嘉屡遭日本武士、海盗侵扰。明朝嘉靖年间（1522—1566），倭寇到处放火、抢劫，给当地人民带来深重灾难。永嘉一户郑姓人家和一户朱姓人家，为避难迁徙到福德湾。安家落户之后，他们用石头砌成炉灶，生火做饭。一次，有人不经意间将水泼到了烧热的灶石上，后来发现在灶石附近的低凹处有白色结晶物出现，此人感到蹊跷，又拿水浇到被烧热的石头上，依然发现有白色结晶体出现。用手指蘸结晶体品尝，有苦涩味。把结晶体丢到浑水中，发现它竟然有净水作用，后来又发现它还有治胃痛等功能。现在证明，明矾确实有净化、消毒、杀菌、收

矾矿采炼池

敛、防腐等功效，而且还是一些药物的必需原料。于是，郑家和朱家便开始开采明矾石，将采用水浸法提炼出的明矾送到各地售卖，赚了不少钱。于是，更多的人到福德湾开采明矾，将出产这些石头的矿山称为"矾山"。为纪念郑、朱两姓先人首创的明矾采炼之法，人们修建了矾祖庙，庙内供奉发现矾矿和发明水浸提炼法的郑、朱两姓先祖的雕像。当然，关于矾山的来历还有其他说法，不一而足。总而言之，这些说法都认为明矾是人们在不经意中发现的，后来其采炼之法逐步发展。明朝弘治年间（1488—1505）《温州府志》记载："矾，平阳赤垟山（今苍南县矾山镇）有之，素无人采，近民得其法，取石细捣提炼而成。清者为明矾，浊者为白矾。"这是有关矾矿开采、生产最早的文字记载。

福德湾村就是随着明矾产业的形成而出现的。矿工们及伴随着采矿与矿区生活而迁移过来的各种人，沿着平缓的山坡建房，在此生活、创业、繁衍生息。相关的配套服务业也越来越兴旺，草鞋店、理发店、中医馆、饼店、蜡烛店、杂货店、铁匠铺、木匠铺、裁缝店、布店、米行、豆腐店等店铺应运而生，福德湾村在历史上出现了一片繁荣的景象。

中华人民共和国成立后，明矾工业进入大发展时期，人们在矾矿创办了"天成矾厂"。1956年，天成矾厂改组为国有矿山企业。炼矾业给当地居民带来福祉，使一个贫穷落后的山村，发展成为全国乃至世界闻名的"矾都"。该矿鼎盛时期曾拥有76个采矿点、200多个采矿班组、5个炼矾车间和4个采矿区，在职矿工3000多人，其主产品"明星"牌钾明矾畅销世界各地，年度总产值曾占整个温州市工业总产值的1/3以上。镇上有周边最好的中学、最好的医院，国有四大银行在这都有网点。周边乡镇的姑娘们都抢着嫁来福德湾村。矾矿成为当地人的生命所系，许多人取名字都要带个"矾"字，"矾生"更是热门名字，我在平阳中学的一个初中同学就叫"矾生"。但是，随着历史的变迁，福德湾村也面临着挑战。炼矾采用的焙烧、风化、溶解和结晶等工艺，产生的矾浆、矾烟和矾渣对周围环境造成了严重污染。20世纪90年代以后，出现了明矾替代品，加上改革开放以后人们对环保的要求越来越高，矾矿逐渐衰败。矿工和家属们渐渐搬离福德湾村，老街从熙熙攘攘到寂静冷落。福德湾村在历史的河流中需要转个弯。

据说温州人连头发都是空心的，福德湾人凤凰涅槃，开始寻找新的出路。2005年，矾矿遗址被浙江省人民政府列为浙江省级文物保护单位。作为浙江省"文保"单位中首个仍在生产的工业"活"遗址，矾矿经过600多年的开采，在矿区留下了大量珍贵的工业遗存和文化遗迹。矾矿山体已形成无数硐体，采空面积约55.8万平方米，体积约259万立方米。尤其是矾矿接近枯竭的最大采矿区——鸡笼山，一间被采空的地下室可容千人以上，夏天最热时硐内温度约18摄氏度，而冬天最冷的时候，硐内的温度在22摄氏度以上，是避暑取暖的好去处。这里还保存着丰富的人文景观，2005年4月，温州市决定在矾山镇建设"世界矾都"矿山公园。游客可以在"矿山博物馆"了解明矾冶炼过程，在矿山巷道、斜井体验矿工生活，还能在现代声、光、电的特效下感受矾山镇数百年的发展历史。特别是2016年9月，福德湾村荣获联合国教科文组织颁发的"亚太地区文化遗产保护荣誉奖"。这个奖设立于2000年，旨在表彰为保护具有历史价值的建筑而做出贡献的地方政府组织或个人，表彰其在保护地方遗产、彰显其文化价值方面所做出的努力和贡献。此后，矾矿和福德湾村声名鹊起，吸引很多人前来旅游参观。

福德湾村开始大力发展旅游产业。"游地下矿井，探神秘硐天；赏文化遗产，观矿业文明；步历史名村，品山海美味；走挑矾古道，享天然氧吧。"福德湾集"矿、硐、村、道"于一体，得天独厚的旅游资源优势，成为当地打造别样精彩的旅游产业的招牌。福德湾村几百年来因生产、生活变迁而遗留下来街巷、石级、古树、古井及特色民居，是难得的旅游资源。这个村子的形成与建设也独具特色，它是从山顶往山下，逐步延伸的，这和矿工们的开采习惯有关。民居建筑从山上到山下随采炼区兴建、废弃而变化。矿工们先是从山顶开始挖矿，就近聚居，就地取材用矿石盖房子。等到山顶的矿采完了，村子也跟着矿硐往山下走，所以形成了从山上到山下的独特建筑群。并且，不同区域的房子年代特征十分明显。伴随着这些房子，村里有一条依山而建，长约200米，宽约3米，蜿蜒而上的老街。每上一步台阶，街市也高一点，街面

矾矿冶炼遗址　　　　　　　　　　　　　矾矿炉

地下矿井

最高处与最低处有近10米的垂直落差。福德湾村老街成了整个村子的中轴线。老街上的古民居建筑始于清末民初，这些浙南典型的山地民居、街巷格局至今保存完好。沿山而建的宫庙、民居、街道、商铺、院落等，具有鲜明的乡土特色，又与炼矾旧址相辅相成。建筑以砖石混合构造居多，大多为一层或两层建筑，构造简约，占地面积小。用料就地取材，利用废弃矿石垒砌而成，五彩斑斓。墙面均开有小窗，进入室内的光线充足，村民可以尽情享受阳光的照耀。最早的石屋和石墙已有百来年历史，蕴含着丰富的历史信息与文化内涵。漫步福德湾村老街，就像走在一条历史悠久的长廊中。

随着旅游业的不断发展，近年来，福德湾村通过修旧如旧的修缮，重点建设"民俗风情一条街"，完成了炼矾炉窑、文化礼堂、特色民宿、矾塑馆、民俗馆、茶书院、肉燕展示中心、主题邮局等一批修缮改造项目，开发了包括矾塑工艺品加工、艺术名家工作室、书画展览馆、音乐酒吧、特色小吃等项目，将福德湾村打造成一处集工业旅游、休闲观光、生活体验、艺术创作等于一体的旅游休闲区。游走在福德湾村，你会有一种与众不同的感受与体验。

你可以品味悠久的矿工故事。矾矿是先辈们的活动遗迹，矿硐都是用传统的劳动方式开采出来的。明矾是劳动的结晶，也是汗与泪的结晶，凝结着许多辛酸、痛苦、快乐、忧伤的故事。在这里，你会了解与体会当年矿工们的生产与生活状态，感知他们的酸甜苦辣。从矾矿遗址中，我们可以读出它的文化精神形态，感受当年矾矿工人的精神世界，体会当年矿工们劳作的艰辛和收工时的欢乐。这里留给我们的文化体验是很多的，也是与众不同的。

在这里，你可以了解中国工业发展的历程。明矾产业的发展史也是几百年来中国工业发展史的一个缩影。明矾的生产方式在民国以前还是原始的、原生态的，也是传统的，当地矿工保留着古老的生产方式，从宋代开始，相继采用"黄土头""烧火龙"的挖掘开采法，直至民国十四年（1925），才采用火药手工爆破。福德湾村不同时代的采矿遗迹、冶炼遗址都保存得比较完整。这里见证了一段时间里温州市工业发展的历程，可以说这里是中国工业的活化石，也是中国工业发展的标本，更是一本工业文明历史的教科书。它被列为浙江省文物保护单位，也说明了它的文化价值的独特性。

你可以考察、研学、品味中国矿业发展的悠久历史与文化。当地的矿山遗迹十分丰富，据不完全统计，有大面积的"烧火龙"开采古代采区遗址1处、鸡笼山水尾山矿段勘探线地质剖面等矿业地质遗迹7处、水尾山等矿业生产遗址9处、上港九担窑等炼矾活动遗迹42处、矿业制品（矾塑上百种，明矾系列20余种）、非物质采炼活动遗产5项、出海挑矾古道3条、矿石生活器物数百件以及采矿工具数十种等。有100多个宋、明、清代和民国时期的露天采坑以及近200个现代井下矿硐。福德湾村所在的鸡笼山脚下，有个矿石展示馆，收藏了600多件矿石样本，采集地分布在全国各省市。我走进这个矿石展示馆，粗粗地看了一遍，就像是参加了一次矿山的研学游，学习了很多矿山知识。借助这个展示馆，当地想把矾矿遗址打造成全国中小学生研学实践基地。

当下的福德湾村，已经拥有各类独具特色的休闲生活设施，如文化礼堂，茶书院休闲书吧、茶吧，家庭微公园，记忆乡愁馆，民俗馆等，各场所不定期举行茶会、书画展、成人礼、戏曲联唱和单档布袋戏等活动。当年矿工生产、生活遗留下来的很多人文景观，如登山石步道、明矾始祖宫、矿主老宅院、工人大礼堂、苏式办公楼、福德湾村老街、抗日烈士故居、人力挑矾古道等，别有地域文化特色，给游客带来了与别处完全不同的体验。

当地还经常举办各种文化活动。现在福德湾村每年都举办上元开山节、明矾文化节、端午节和美食节等，丰富了旅游的内容与形式。当地举办的一次"闹元宵猜灯谜走进福德湾"活动，五颜六色的元宵灯谜条挂满整条老街，共有300多条，大人和小孩争先恐后地猜谜。除了猜灯谜，很多人在老房内吃汤圆，看戏曲表演。1990年，福德湾村结合民间传统庙会与物资交流会，在农历九月初六首创"明矾文化节"，节上举办大型的纪念和旅游活动，以此纪念明矾始祖发现明矾的功绩。在中秋佳节，福德湾村还举办过"月是故乡明"中秋诗文朗诵会，"露从今夜白，月是故乡明"。充满乡情的中秋诗文朗诵会上，大家吟诗诵读，歌唱弹奏，赏月会友，抒怀人生。淡雅的氛围吸引了近百人驻足观看。其中，有本地人，更有从北京市、宁德市等地远道而来的宾客。另外，夜游福德湾村也是一个很有意思的游览项目。在福德湾村拍夜景，在大红灯笼的映衬下，站在老街前、倚靠着古民居的石头墙或木窗，拍下几张靓照，别有一番风味。

　　在福德湾村还可以买到独具特色的明矾工艺品。我小时候家里就有一个明矾做的宝塔，里面用铅丝扎的宝塔架子，再绕上丝线，最后浸上明矾水，挂起来晾干，明矾就像一粒粒珍珠粘在宝塔上，看起来就像是一个珍珠宝塔。摆一个在家里，别有一番情趣。

明矾工艺品

到福德湾村，我建议你一定要尝尝肉燕，这是当地闻名的特色小吃。用精肉配上番薯粉，经手工精心打制成燕皮，再取精肉捣烂为馅，加上秘传的作料，将其包于燕皮之中，制成飞燕状。再像煮馄饨一样煮熟，捞出来即可食用，味道极其鲜美。反正我吃了一大碗还想再来一碗。纯正的肉燕在配料选用上要求很高，精肉必选猪后腿精肉，这样打出来的燕皮才有足够的韧性。番薯粉须是本地农民手工磨制的新粉，这样打出来的燕皮才有足够的张力，才能打得薄如纸，吃起来够筋道。肉燕制作工艺的核心在于一个"打"字，因此，当地人形象地称做肉燕为"打肉燕"。肉燕的制作技艺已成为苍南县非物质文化遗产。

在福德湾村老街街口，有一家"唐公肉燕"店，是一位叫朱师勤的师傅用他父亲的名字命名的。他说："那个年代肉燕是奢侈品，矿工们白天上矿硐，不知道夜里能不能回来，出来了就要吃点好的犒劳自己。"他父亲是做小吃的。1945年，矿硐的一位窑主请客，他父亲吃到了福建籍厨师做的肉燕。他对这种独特的小吃产生了浓厚兴趣，反复摸索，并根据矿工们的口味进行了改良，结果大卖。他父亲正是用一根压面棍，为矿工们做了一辈子的肉燕。热闹的福德湾村、勤劳的矿工们养活了朱师勤的肉燕生意，也养活了他们一家八口人。朱师勤注册了唐公肉燕商标，肉燕不仅是闻名遐迩的苍南地方特色美食，而且被列入温州市级非物质文化遗产名录。

福德湾村请我去做旅游产业发展的策划，还聘我当文化顾问。我建议当地抓好规划，在规划中要注意：保护主要在硐内，开发主要在硐外。不能把硐内当年的生产、生活痕迹破坏，历史遗存的价值主要在硐内。这个矾矿遗址一旦被破坏价值就不大了。矾矿遗址不宜过度开发，开发投入大，利用率不一定好，硐内很潮湿、狭小，可利用的地方本身也不多。为此，当地要保护和适度开发矿硐，如设计一条参观线路，举办矿硐音乐会，利用矿硐潮湿的自然条件藏酒，或举办品酒会等。其他不能多干，主要做好文化遗址保护的工作，争取创建国家矿山遗址公园。发展旅游业的重点是做好福德湾矿工村的开发利用。"矿工村"旅游要围绕矿工文化展开，文化特色要浓，办农家乐也要注意特色问题。福德湾村可以从开发矿工食品着手，当地的肉燕是一个好品牌，味道鲜美，可以作为拳头产品来打造。同时，可以与矿工的风俗结合起来，发展美食产业，如举办矿工婚宴、矿工小孩子满月酒、采矿壮行酒等。注意重现矿工的生活场景。对矿工乐观、豪迈、勤劳、健体、乐群等性格特点进行挖掘，加强对矿工生活方式的研究，让游客体验。还可以考虑在每年九月初六明矾文化节时搞篝火晚会、啤酒节、挑矿石大赛，举办矿工音乐节，把矿工号子、当地的戏剧挖掘出来，搞一台矿工晚会。旅游要与研学结合起来，充分利用当地办书院的传统，让游客来游学，学习当地风情和矿山知识。还可以组织矿工文艺作品创作，矿工是很有故事的群体，几百年来留下了许多民间传说和故事，把这些挖掘出来，可以制作影视作品、文学作品等。福德湾村已经被中国美术学院指定为学生写生基地，每年都会有美术学院的学生到福德湾村写生。景区还入选亚洲青年微电影展"最佳营地"，央视少儿和电影频道、各大卫视、电影电视栏目组等都来矾矿拍摄过节目。

除了福德湾村，当地其他旅游资源也极为丰富，有时间、有体力的人还可以周游附近的各色景点，如不远处就有碗窑古村旅游景区、玉苍山森林公园、苍南渔寮景区、南浦溪景区等旅游景点，有苍南四季柚、苍南翠龙茶、苍南槟榔芋、食用菌"蘑菇"、炎亭江蟹等特产。特别是苍南县海拔约998.5米的第一高峰鹤顶山，山上怪石嶙峋，花草茂盛，奇峰异石，气象万千。鹤顶山最有名的景观为"云海、花海、石海"。如果你登高望远，茫茫云海翻滚在山峦群峰间，鸟鸣虫吟在山涧，山风吹过，让人心旷神怡。从山脚到山顶有一道曲折盘旋于悬崖峭壁上的雾海天梯，登之有如上华山。另外，年轻人还可以走走当年运输矾矿的古道。历史上，矾矿的开采、生产、运输形成了从福德湾村到达藻溪镇、赤溪镇、前岐镇、沿浦镇等地的挑矾古道，并形成以老街为中心，岭脚街、石板街、南山坪街分别以北、西、南3个方向向外延伸的街巷古道。年轻人走走这些古道，可以体会当年矿工们的艰辛，感悟生活的不容易，我们今天遇到的各种困难与当年矿工遇到的困难比较，真的不算什么。所以，古矾道也是一条励志道，一条奋斗之路。

农民用画描绘出来的村庄

——嘉兴市秀洲区油车港镇胜丰村

村庄名片： 嘉兴市秀洲区油车港镇胜丰村，地处油车港镇东部，距申嘉湖高速出口仅1千米，距离嘉兴市区约10千米。该村东与麦家村相邻，南靠百花庄村，西与油车港镇新镇区相连，北靠西千亩荡，是典型的江南水乡。全村区域面积约2.41平方千米，其中耕地面积约2823亩。全村共有22个村民小组，总户数809户3156人。胜丰村主导产业为粮油、果蔬种植、垫圈加工等，特色农业有水产养殖、花卉苗木等规模种养，因种菱农户较为集中，获得了"中国菱乡"的美誉，2019年被评为浙江省美丽乡村特色精品村。这个村是秀洲农民画的发祥地。

我对秀洲农民画关注已久，8年前就参观过秀洲的农民画艺术中心。印象最深的是一位60多岁的老人用64张画，画了自己家里的新变化。据说这个老人60岁才开始学画画，用4年时间边学边创作，最后画出64张画讲述了自己的一生，也画出了60多年国家和世事的沧桑变化。那时我就想，农民作画绝对不是用技术，而是用心，所以想怎么画就可以怎么画，想象力非常的丰富，用色十分的大胆，构图超出想象。我也听说，有的农民画家到美术学院接受正规的培训，学了透视、结构、明暗分界线等，回来手发抖了，不会画了。我笑着对当地文化宣传部门的同志说，农民画家就不要去培训了，让他们想怎么画就怎么画。

最初，当地的农民汲取传统的剪纸、刺绣、灶画、蓝印花布等民间艺术，大胆地拿起笔来作画，创作的农民画，造型不拘泥于现实，使用的色彩缤纷明快，主题富有水乡风俗情趣和乡村生活经历。在艺术处理上大多运用夸张、变形、装饰的方法，农民画作品厚拙、朴实、灵秀、粗犷。不同的作者画风差异也很大，艺术个性强，绘画形式也大有不同，水粉画、版画、油画、水彩画、水墨画都有。所以，农民画是真正的田里种出来的画，特色极为鲜明，一般的画家也很难学，于是就独树一帜，成为乡村艺术中的一朵奇葩。

嘉兴市秀洲区是鱼米之乡，历史悠久，文化积淀深厚，有着农民画生长的肥沃土壤，油车港镇是其中一个重要的地方。这里集聚了许多农民画家，而胜丰村又是一个典型之地。一个阴雨天，我来到胜丰村看望一位农民画家，也想借此了解胜丰村今日的景象。

走进胜丰村，我首先看到的是一幅巨大的农民壁画，上写"中国菱乡油车港"，一拐弯，看到一幢房子，墙上写着"油车港镇农民画创作基地"。我们没有进这个基地，而是路过后上了一座木桥，见一片大湖在大风中浊浪翻卷，当地人说这就是西千亩荡。湖上长长的木廊桥，把我们引到胜丰村文化礼堂。现在，我在浙江省每到一个村庄，当地人一定会带我去文化礼堂，这是村庄的会客厅，也是村庄的活动中心。胜丰村的文化礼堂就建在湖边，是一幢传统江南水乡文化与现代材料融合的建筑，既有粉墙黛瓦，又有落地玻璃，设计得颇有艺术感。

我刚一进门，就见一位老教师模样的人站在大厅中迎接我。一介绍，方知是著名的农民画家张金泉老师。我马上拉着他拍照片，咱们也

写着"中国菱乡油车港"的农民壁画

要追一下星。我曾经听说过张老师，他是浙江省农民画非物质文化遗产传承人。他是土生土长的胜丰村人，原本是一个农民，也做木工。他从小就喜欢画画，年轻时开了一个小的造船厂，抚养3个孩子长大，终日操劳，没有时间和精力拿起画笔。后来，57岁的张金泉进城时偶然经过了当时的秀洲区文化馆，看到馆内展出的农民画，就被深深地吸引住了，一回家就开始拿起画笔，涉足农民画。对于学画，年龄不是问题。农民画是用心画出来的东西，生活积淀比技艺更重要。张金泉一着手画画就一发不可收拾，画作如"金泉"一样喷涌而出。

张老师领着我参观文化礼堂。该文化礼堂是一座结合菱文化展示馆

胜丰村文化礼堂和菱文化展示馆

打造的具有菱文化、农民画和江南水乡特色的文化礼堂。所以，进入文化礼堂，首先展示的是南湖的菱。为什么先介绍菱呢？因为胜丰村种植菱有悠久的历史。文化礼堂就建在西千亩荡畔，这个荡就是种植菱的地方。展板上的介绍说，1959年3月，浙江省考古部门挖掘马家浜新石器时代遗址时，出土过一只碳化圆角菱，与现在的南湖菱相仿，经测定为公元前4090—前2685年之物。元代至元年间（1335—1340）的《嘉禾志》中就有对菱的种植的记载："此物（指南湖菱）东不至魏塘（嘉善县），西不逾陡门（桐乡市），南不及半逻（海盐县），北不过平望（平望镇），周遮止百里内耳。"南湖菱最大的特点是长相与众不同，一般的菱是有角的，南湖的菱外形圆润无角，其皮色翠绿，两端圆滑，

并因皮薄、肉嫩、汁多、甜脆、清香而胜于其他品种。

　　胜丰村是产菱的地方，所以许多农民画也是以采菱、加工菱为主题。文化礼堂以图文并茂的形式对南湖菱的历史、种类、食用及医用价值等做了详细的介绍。当地的菱是经过历代菱农培育而成的。自清朝乾隆年间（1736—1795）以来，南湖无角菱即为地方名产。成书于清朝乾隆三十四年（1769）的《古禾杂识》记载："菱以南湖产者为最，所谓南荡菱也。角圆而壳薄，肉细而味甜。其他产者皆谓之北荡。"1932年，南湖菱的种植面积就达4000余亩。2008年嘉兴市人民政府启动南湖菱地理标志产品保护工程，油车港镇成功申报为"南湖菱"原产地地理标志产品保护地。目前，全镇种植面积约7500亩，平均亩产1500—2000斤，年产量占嘉兴市产菱量的70%。每亩收益2000元左右，加上套养其他的收益，可达3000—5000元，南湖菱成了当地农民收入的重要来源。南湖菱不仅是农业产品，也是当地的一个文化符号。2015年，油车港镇获"中国菱乡"称号。南湖菱既是水果，又可当菜。不仅可以生吃、熟吃，而且可以制糕点、佳肴或酿酒、制糖。用菱肉煮米饭，香糯可口。人们还用菱制成许多保健食品，有健脾胃、益气力、抗衰老的作用。我这么详细地介绍南湖菱，就当为当地做一广告，有机会到油车港镇和胜丰村的人，可以在当地买些南湖菱或其制品，绝对物有所值。

　　接下来，张金泉老师带我看了我最想看的农民画。上了二楼，我最先看到的是秀洲农家灶头画的展示。我想，这些应当是秀洲农民画发展的生活基础和文化基础。农民画展厅里面挂着各种主题的农民画，让人目不暇接。我在一幅10多米长的画前停留，这幅名为《水乡旧梦》的作品，据说是张金泉老师用3个月时间创作的。他指着画介绍说："这是京杭大运河，这是长虹桥，这是长虹桥边上的窑墩，烧窑的。这是苏嘉铁路，这是刘王庙庙会，这个是春耕、夏种，这是织布、养鱼……"这幅长卷从京杭大运河上的长虹桥开始落笔，沿线还有种田、养蚕、烧砖、制瓦、锯木造船、水乡婚礼、杀年猪、逛庙会等场景。张老师还写了一段前言，都是用四个字概括的，我摘录几句：古运河上、纤夫帆影、南来北往、昼夜不息、运河两岸、种桑养蚕……另一件作品是用17幅画作构成的《农耕文化》，描绘了水稻育种、车水、翻耕、施肥、移栽等全过程。看着每一幅画，我就想起小时候在农村生活的场景，也想起读初中时学校组织我们去学农，到田里插秧。我还写了一篇作文记叙插秧的事，题目是《阳光下的禾苗》，后来还获得学校征文活动的奖励。张老师的这些画，对于我们这一代人来说，特别熟悉也特别喜欢，是我们这一代

农民画两幅

人共同的历史记忆。对于年轻人，也是一种传统文化的教育。

在这里展示的张金泉老师画的农民画，题材特别的丰富。张金泉老师用农民画讲述村史，一共画了33幅画。他说历时2年才完成，题名为《胜丰村的变迁史》，从旧社会一直画到改革开放，表现的是胜丰村近80多年的变迁。他在前言中说，这组画教育人们要更加珍惜、爱护来之不易的幸福生活和美好家园。张老师虽然年过70，但创作热情不减。嘉兴市文化馆的"二十四节气和民俗风情"嘉兴市美术作品展就展出了他创作的24幅关于二十四节气的农民画，该画受到了广泛的关注与好评。在张金泉老师的努力下，目前胜丰村已将文化礼堂打造成了当地农民画艺术传承基地。2015年，张金泉老师获得了"最美嘉兴人"的荣誉称号，2018年获得了第一届浙江省"最美文化礼堂人"提名。我在画前流连忘返，在别人的再三催促下，才恋恋不舍地下楼。在楼下墙上看到关于油车港镇最重要的3位农民画家的介绍。除了张金泉，还有缪惠新、吴甫根。其中栖真村的农民画家缪惠新曾被《时代》周刊评为"亚洲十大艺术家"之一，被誉为"东方毕加索"。还有合心村的吴甫根，也是一位名气很大的农民画家。油车港镇可以说是秀洲农民画的发祥地，目前活跃的农民画非遗传承人、主创人员有近百位。乡村文化，就是靠这些热心人默默地坚守与长期不懈地耕耘，才能达到今天这样一种境界。我仔细地看着这些介绍，向他们表示深深的敬意。据说历经30余年发展，秀洲农民画已有千余幅作品入选全国各种展览并获奖。目前在秀洲区，农民画骨干有100多人，人才梯队完备，储备画家达2000人。秀洲区，是文化和旅游部首批命名的"中国现代民间绘画画乡"之一，后又被评为"中国民间文化艺术之乡"。

这些农民画家让人最敬佩的是他们的情怀与责任感。如在中华人民共和国成立70年之际，农民画家们就用七彩画笔，创作了绘本《竞"秀"七十年》，全方位、多角度地展现中华人民共和国成立以来各个时期的秀洲形象，以10年为1个阶段，共7个阶段，每阶段创作10幅作品。参与创作的农民画作者覆盖了各个年龄层次，不同的人生经历给予了他们不同的创作视角和笔法，使这册绘本内容丰富多彩、活泼生动。2020年初，在应对新冠肺炎疫情过程中，农民画家们以特有的方式表达自己对疫情的关切，以及对抗击疫情的支持。张金泉老师就以"抗击疫情"为主题，创作了《隔离不隔心》《雨夜巡查》《用过口罩不乱丢》等多幅农民画。

农民画的发展，是一个时代发展的缩影，从农民画的繁荣兴盛之中，我们可以感受秀洲区近年来的快速发展，特别是在美丽乡村建设上的前进步伐。

秀洲区为了深化"千村示范、万村整治"工程，高水平建设新时代美丽乡村，以精品线、特色精品村等创建为载体，全面实施"基础设施提升、人居环境提升、民居风貌提升、农业产业提升、乡风文明提升"5大行动，实现美丽乡村示范镇创建全覆盖。在全域推进美丽乡村建设的过程中，秀洲区做好规划选点，明确发展定位，坚持点面结合、重点培育、梯度推进，选择胜丰村等9个自然禀赋好、区位优势佳、产业基础强、文化元素浓的村为新时代美丽乡村精品村，其中胜丰村以湿地水乡为特色推进美丽乡村建设，努力打造独具"悠悠千亩荡·湿地水乡情"特色的美丽乡村。2020年初，浙江省"千村示范万村整治"工作协调小组办公

室公布了2019年度浙江省美丽乡村示范乡镇、美丽乡村特色精品村名单，胜丰村光荣入选省级美丽乡村特色精品村。

胜丰村原来是一个经济薄弱村。2013年以前，胜丰村集体经济年收入仅仅在20万元左右，这在富裕的秀洲区是比较落后的。这些年，村干部带领胜丰村村民共同努力，盖起了占地面积700多平方米的标准厂房，推进光伏发电项目，发展稻米加工、葡萄种植等项目，占地近400亩。胜丰村在治村和发展村庄中还做了一件有意义的事，就是建了一个村级智库。现在许多人深深地懂得：发展的天花板一定是思想的天花

风景优美的胜丰村

板，突破了思想的天花板，才能突破发展的天花板。在经济社会快速发展的时代，思想智库非常重要，有了智库，就建了一个外脑，就能在深入研究的基础上，把握形势发展的趋势，掌握事物发展的规律，深入分析存在的问题，提出有针对性的对策与方案。胜丰村为了进一步发挥乡贤的外脑作用，形成振兴村庄的强大动力与合力，组建了胜丰村乡贤参事会，党委书记范治新被选举为首任会长。他说："胜丰村地理位置优越，生态优美，旅游资源丰富，成立乡贤参事会，就是要进一步盘活乡贤资源，发挥乡贤智慧与能力，使其参与胜丰村经济社会建设，提供招商引资、决策咨询、民情反馈、监督评议及帮扶互助等服务。"胜丰村乡贤参事会首批乡贤共有12人，其中包括胜丰农场、胜丰村奇球花木场、麟湖小筑等青创项目的负责人。他们具备较高学历，拥有扎实的专业技能，掌握业界前沿动态，是乡村振兴的主力军。农民画家张金泉也是首批12位乡贤之一。他说，农民画创作也要紧跟新时代潮流，把农旅结合、垃圾分类等农村新风尚、新变化、新元素表现出来，用手中的画笔绘好乡村振兴图。

现在的胜丰村，整齐错落的民居，房前屋后，鲜花盛开、树影婆娑，微风漾开了西千亩荡辽阔的湖面。生态河道长廊贯穿全村，蜿蜒的村道连接村庄各处，"小桥、流水、人家"的美景跃然眼前。胜丰村也是秀洲区一个重要的旅游目的地。胜丰村的"菱珑湾"，位于油车港镇银杏天鹅湖与西千亩荡之间，依托青龙港沿岸原有水乡风貌格局以及良好的农村生活气息，重点打造了菱珑印象、古韵流芳、枕水人家、平湖秋月等节点景观。菱珑印象，是塘栖公路进入菱珑湾的主要入口，公园树木、巨石花草、粉墙黛瓦，尽显江南水乡底蕴。古韵流芳，以"文保"单位南湖大桥为中心，对两侧房屋、道路、绿化、设施进行修饰，营造古朴氛围，彰显久远的水乡底蕴。枕水人家，通过对建筑、庭院的整理，水车、雕塑的建造，打造枕水人家水乡风情。平湖秋月，利用水北中部一三面环水的小半岛，建造凝翠亭，建设亲水平台、景墙、半廊等滨水景观，打造赏月最佳之地。

到胜丰村，最值得一游的还是西千亩荡。传说几千年前，道家文昌帝君曾骑麒麟路过千亩荡，见此湖灵气闪动，风景宜人，便与麒麟化作凡人来到湖边一家小酒店。麒麟醉酒后显形，被王母娘娘贬到千亩荡思过，一思就是千年，于是人们就把千亩荡叫作麒麟湖，后简称为麟湖。油车港镇古时名为麟瑞乡，也由此得名。胜丰村所在的油车港镇，湿地生态资源很丰富，有东西千亩荡、南北官荡等主要湖泊，是嘉兴以北的天然"绿肺""氧吧"。2019年初，麟湖湿地公园获批为省级湿地公园，是嘉兴唯一上榜的湿地公园。胜丰村也形成了以千亩河荡及南湖菱为代表的湿地文化，以农民画为代表的乡土文化。

我特别喜欢这个西千亩荡，坐在文化礼堂的露台向湖面望去，远方的村庄静静地卧在水面，粉墙黛瓦掩映在绿树之中，波光粼粼的水面荡起波涛，湖水轻轻地拍击着堤岸，发出有节奏的声音，我仿佛听到清风送阵阵菱歌入耳，诉说着水乡的情怀。千米长的栈道建在水面上，沿着堤岸向远方延伸，仿佛可以带你去寻找久远的采菱姑娘的故事。盛开的桃花，装点着水乡的风景，仿佛在讲述《桃花源记》里的故事。停泊在码头的帆船，高高地翘起船头望着远方，仿佛在等待着下一段神奇的航程……

傍着世界互联网大会而新生的村庄
——嘉兴市桐乡市乌镇乌村

村庄名片： 乌村位于嘉兴市桐乡市的乌镇西栅北侧500多米处，紧依京杭大运河。为了配合乌镇，更好地承办世界互联网大会，提升乌镇的接待能力，当地政府对原有的自然村乌镇虹桥村进行整治改建、重新规划建设，保留搬迁农房，改造原有村落，乌村由此而来。乌村留存原有老房屋建筑面积约1600平方米，新增房屋建筑面积约1800平方米，农业占地约2.3万平方米。乌村以江南乡村风情为主题，全村围绕江南村落特点设计，内设住宿、餐饮、娱乐、休闲活动等一系列的配套服务设施，在旅游和会议接待上与乌镇东西栅景区联袂互补、相得益彰，成为乌镇的重要组成部分。

我见识乌村是由于到乌镇参加世界互联网大会。从2014年起，我曾连续参加过5届世界互联网大会，对乌村的认识就是这样来的。

当今世界，互联网对人类的生产、生活产生了重大的影响，马云曾说"未来30年属于用好互联网的人"。互联网没有边界，就像电没有边界一样，今后，一个人离开网络是难以生存的。截至2018年12月，中国网民规模达8.29亿，互联网普及率达59.6%。手机网民规模达8.17

亿。截至2018年底，浙江省网民规模约4543.7万人，互联网普及率为79.2%，比全国互联网普及率高19.6个百分点。浙江手机网民约4498.3万人，占全省网民总数的99.0%。所以有人说，手机已经成为人不可分割的一个器官。人每天早上醒来首先拿起来的就是手机，晚上睡觉前最后一个放下的也是手机。据调查，在北京市、西安市、上海市，年轻人每天用在手机上的时间分别是6.72、6.15、5.45小时。特别是5G时代来临后，互联网给人们的生产、生活带来的变化将更加不可估量。从网速上比较，形象的比喻就是，2G是自行车，3G是摩托车，4G是汽车，5G是高铁，5G时代就是互联网的高铁时代。4G下载需要15分钟的文件，5G只需要9秒钟。随着5G的应用，音乐、动漫、影视、游戏、演艺等产业的数字化程度不断加深，具有可视化、交互式、沉浸式等特质的数字创意产品和服务不断涌现。互联网与手机进一步融入人们的生活，成为人们须臾不可分离的东西。

正因为互联网与人类的生产、生活密切相关，也与中国的发展密不可分，所以，为了搭建中国与世界互联互通的国际平台和国际互联网共享共治的中国平台，让各国在争议中求共识、在共识中谋合作、在合作中创共赢，从2014年起，由国家互联网信息办公室和浙江省人民政府共同主办的世界互联网大会，每年在浙江省嘉兴市桐乡市乌镇举办，首届世界互联网大会于2014年11月19日至21日举办。乌村就是为了配套乌镇而建的。在第四届世界互联网大会时，我曾多次到乌村并做了深入的参观考察。

进乌村前，我先拿了一张乌村导览图。从图上看，乌村紧邻乌镇西栅，是一个具有浓郁江南水乡风情的村落。乌村是在"体验式的精品村落"的目标基础上进行开发的，强调对乡村肌理的保护，引进"乡村度假"的理念，营造具有典型江南水乡农耕文化特色的传统生活氛围，打造适应现代人休闲度假的景观村落。乌村经过精心的设计与建设，形成了一个外形时尚、设施配套、规划巧妙、布局精心的美丽精品村落。

乌村的建设遵循"以水为脉"的空间布局，以水系分支作为空间布局的基本结构骨架，把乌村分作两个重要的组成部分进行设计。村的中心基本保留原有民居，建筑以"修旧"和"补旧"为主，走进去你会认为这个村庄与别的江南村落没有多少不同之处。对于那些老房子，基本保留原有的模样，只是简单地做些修补。我们现在去过的许多村庄，在美丽乡村建设中，总是把墙刷得雪白雪白的，把道路修整得笔直笔直的，把原有的石子路或石板路拆了或者铺上水泥。各种建筑还用上了玻璃幕墙、不锈钢等材料。在乌村，你根本见不到这些东西，房子还是常见的农村旧房子，但是做了精心的修饰，如挂在墙外的空调机被包上了木框，农家的阳台装上了木栏杆。石头砌的围墙外，自由地生长着各种小花。屋外摆着各种大小不一的花盆。特别是斑驳陆离的墙面，透露出岁月痕迹。墙面上，在被风吹雨淋形成的各种图案中，你可以品味当年村民们留下来的悠久的生活印记。

乌村的外围建了一个拓展区域，形成了以休闲、娱乐、体验为主题的配套板块，该板块建筑以"新建"为主。乌村面向各年龄段人群，能够提供包括烘焙、编织、攀岩、射箭、垂钓、游泳、瑜伽、农耕、桌球等的20多种体验项目。并特别针对亲子客户群，在乌村西部修建了童玩馆，设有乐高天地、亲子阅读室、攀岩区、手工屋等互动体验区。这些设施不仅可以让小朋友无限畅玩，而且可以让全家共享美好的亲子时光。整个乌村就是通过路网和水网的相互交织形成的一个透着浓浓水乡味道的村落，巧妙地构成了村内安静居住、村外开展各种活动的生活体验格局。在乌村两大板块的联结中心，设了一个村委会，承担游客中心的服务功能，也作为穿梭于乌村和西栅的水陆交通连接点。把村委会建成一个游客中心，这本身就是一个妙趣横生的创意。我那天去的时候，游客中心里面正举办着农民画展，所以一个小小的村委会，让我在里面看了好长的时间。

　　人们到一个村庄，首先看到的一定是居住的建筑与环境。乌村里散落着数十幢建筑，星星点点，多以两层的小楼房为主。全村共设置了7个组团，分别是竹屋、米仓、渔家、磨坊、酒巷、桃园和知青年代，每个组团都有不同的文化主题，譬如渔文化、酒文化、稻田文化等。每个组团都有与其名称相呼应的装饰。比如渔家的墙上挂了渔网、鱼篓，连歇息的沙发靠背都用船桨做了装饰，而桃园的院子里种着一些桃树，在

乌村7个组团之——米仓

春天里，这里一定会"桃花依旧笑春风"。竹屋的四周种植着翠竹，让人想起苏东坡的"宁可食无肉，不可居无竹"。7个组团目前拥有客房共计186间。组团的概念就相当于过去村里的生产小队，组团的名称与主题定位也来源于以前生产小队的生活，例如渔家组团就是以公社化时期乌镇当地渔业生产小队的生活元素为主题而命名的。你到乌村，整个村庄看起来是十分古朴的，这种古朴还显得有些破旧与落伍。但是，186间客房并不落伍，每个房间内部都配备了现代化的设备，空调、冰箱、消毒柜等一应俱全。四周立着4根柱子的木床颇有民国风味，家具风格和室内装饰简洁明快，房间里的用具基本上都是用竹子精心编的。还有，早上起来，供你使用的洗漱用品也很有个性，木梳子上刻着"乌镇"字样，胖胖的造型，十分的可爱。还有供客人使用的便签壳，上面写着"原来，我寻找的乡村在这里"，让人感到一种贴心的关怀与诗意。还有家庭房内准备的大小不同、颜色各异的浴袍，穿着它让你在浴后放松地享受一杯咖啡或热茶。民宿的接待大厅内摆着沙发和书柜，室外有桌椅板凳，方便小憩。就是在乌村这么一个外观看起来比较旧的村庄，你也能感受到一种高贵与时尚的生活。

对于乌村的改造与配置，我特别的赞同。我们在村庄改造中，屋外最好保留传统的生活印记，让乡愁传承下来，我认为最好连破破烂烂的路、写满沧桑的墙都不要动，一定要保留最原始的千百年来村民们的生活痕迹。然而，屋内可以根据当下住宅的便捷性、时尚性、舒适性的要求，完全实现现代化。我相信，人们入住于此，既可享受自然的乡村风情，又可感悟时代的变迁与发展，特别是在世界互联网大会永久会址所在地，可以充分感受互联网给人们带来的便捷。

那天我走在乌村，一直被道路两旁成片生长的野白菊所吸引。据说桐

乡市是一个盛产杭白菊的地方，我不知道这些菊花是人工种植的还是野生的，反正茂盛地生长在通向村庄的道路两旁，透着一股顽强的生命力。

让我最感叹的是，乌村不仅保留了村庄的骨肉，而且保留了村庄的灵魂。一个村庄，经过数百年甚至数千年的积淀，各个方面都会留下先人们的生活痕迹，留下村民祖祖辈辈生于斯、长于斯的生活文化。这些东西，是村庄真正的灵魂，也是沧桑岁月中割舍不去的乡愁。那天我是在傍晚去的乌村，夕阳西下，从树林中透出的霞光映照在村庄的建筑上，天空倒映在水中，构成一幅迷人的水彩画。我还在村里看到了一幅写着毛主席语录的宣传画，教育人们要做老实人。回想当年，人们还真的特别听话，老实人也特别的多。这熟悉的画面，让人浮想联翩。后来，我来到乌村的"稻田泳池"，爱好游泳的我认为这是乌村让人心动的地方之一。泳池与田野连成一片，在泳池中游泳，让人有一种在大自然里遨游的体验。

那天晚上我在乌村参加了"乌镇创客之夜"活动。晚上的乌村更

"乌镇创客之夜"论坛

是一个让人留恋的地方，星罗棋布的房屋里透出点点灯火，蜿蜒的村间小道，淡淡的路灯，时明时暗地掩映在树林之中。鸟鸣虫吟、风吹草动，让人感受到一种乡村的宁静、安详。这种宁静与屋内世界互联网大会论坛的热闹非凡形成了强烈的反差。我参加了时长数小时的"创客之夜"论坛，听着来自世界各地的大咖们讲述互联网的过去、现在和未来，讲着创客的梦想与路径，收获是满满的。然而，当离开乌村时，我竟突然不想回到乌镇西栅住地，想如果住在这乌村，那该是多么的惬意，多么的充满诗意啊！于是，我坐在米仓组团，用一碗香喷喷的热粥，暖心暖胃，品味着江南乡村久远的味道。其实，后来我听人说，乌村的酒巷更有味道，在这样迷人的夜晚，与几个朋友一起喝几口小酒，可能会诗兴大发，冷不丁还能写出几句好诗来。

　　依托世界互联网大会的品牌影响，乌村也给游客带来了"互联网

+旅游"的新体验。在乌村里吃住行，只需一个橙色手环，显示扫描成功，就可以进村。戴上手环，就成了乌村的"新村民"，可以参与村里的30多种活动，如尽情体验采菱角、捉虾、捕鱼、编织、骑行、射箭、画画等。还有，不论是坐游览车、到自助餐厅用餐还是参加20多项免费体验项目，如烧野火饭、扎稻草人、田埂放风筝、折纸、打腰鼓，都只需要刷手环就能"一站式"搞定。通过一个手环，实现了在乌村的智慧旅游，实现了农耕文化与互联网的完美结合，历史文化与时尚生活的完美结合。

我们到任何地方，几乎总是把吃放在第一位，到乌村也不例外。那天，我与几个一起参加世界互联网大会的朋友在乌村吃了一顿晚饭。乌村的美食也让人惊艳。既有中、西各种大餐，又有特色小吃，如牛肉粉丝汤、羊肉面、桂花藕粉、鹅头颈、油炸猫耳朵、定胜糕、葱酱豆腐干、麦芽塌饼、绿豆汤、芝麻糊、桂花年糕、农家豆腐、桃胶鸡头米、手磨豆花等等，还有许多乌村当地的美味甜品。据说乌村美食的材料大多是乌村村内种植的，特别是时令蔬菜，都是村民种植的，他们把这个叫作"1小时蔬菜"，也就是从采摘、运送、清洗、切配、烹饪、上桌，全程不超过60分钟，确保蔬菜的新鲜与美味，更保证营养的不流失。以我品尝过的美食来看，吃货在这里肯定会流连忘返，我总觉得乌镇大酒店里的饭菜差那么一点，最好能天天在乌村吃农家饭。据说乌村的早餐更是丰盛，自助餐品种繁多，各种小吃总让人吃得走不了路。

乌村的美食让人吃得痛快，但最让人驻足的是这里的宁静与安逸。哪怕是正在召开世界互联网大会，乌村里的人还是不多的。据说平常也是如此，村内除了少数用于接送游人的游览车，没有别的汽车的踪影。道路也都是小小的乡间小道，而且大多是石子路，村庄里到处是树林和小河，绿的树、绿的河、绿的草地，只有偶尔传来几声婉转的鸟鸣，让人在风景中惊醒。我望着小桥上慢慢行走的几个行人，倒影映在静静的河面，觉得乡村就应该是这样的慢生活，有这样的宁静与舒适。而城市就像一口煮开的大锅，人声鼎沸、车水马龙，相比之下，就显得乡村这种宁静是多么的珍贵。我想，在这种宁静的环境中，阅读一定是最惬意的一件事。各家民宿中都摆放着各种书，而且总是把书吧与咖啡吧结合起来。在游客接待中心，更有整洁宽敞的客厅，常备各类书籍，让你得以在一种惬意的氛围中，与作家对话，享受一段书香浸润的时光。所以，乡村如乌村，总是能让人把心放下。

乌镇是一个接待世界贵宾的地方，它的服务也是国际一流的。到

乌村医疗站

乌村集市

乌村旅游休闲，服务也是很贴心的。乌村的服务特别有创意，采用的是一价全包的套餐式体验模式——集吃、住、行、游、购、娱6要素于一体。你只需要一次付费，这样便免除了旅游途中多次付费的困扰。在这个互联网发达的地方，更是可以不带钱包轻松畅游。同时，在乌村，让人印象较深的还有一项很具特色的服务——CCO（Chief Cultural Officer，即"热忱的文化创意者"）。CCO为游客提供面对面的近距离的综合服务，从而提升游客的旅游体验，CCO集景区导游和活动参与指导等服务于一身。乌村的各个活动场所和娱乐活动点均有CCO，他们指导游客精准地在乌村行走与旅游，更会与游客一起互动参与各项活动。在CCO的陪伴和指导下，你可以参与到村庄的各种活动之中，如手工编

正在举办农民画展的游客接待中心

制小竹篮，在大棚里采摘蔬菜瓜果，与朋友们一起下田耕种，在河边垂钓，等等。CCO模式有效地提升了游客在乌村生活的便捷度和舒适度，成为乌村吸引更多游客的"创意密码"。

乌村因乌镇而兴，也因乌镇而名。乌村慢慢地有了自己独特的魅力与文化张力，在互联网的世界里，向全球传播自己的理念与别样故事。

未来乡村的样板村庄
——湖州市安吉县递铺镇鲁家村

村庄名片：鲁家村位于安吉县开发区（递铺镇）的东北部，距离县城5千米，东邻昆铜乡梓坊村，南接本镇南北庄村，西连本镇马家村，北邻溪龙乡横杜村。面积约16.7平方千米，辖13个自然村，16个村民小组。农户610户2100人，党员70人。该村先后被评为全国十佳小康村、中国美丽休闲乡村、国家森林乡村。"田园鲁家"是全国第一批国家田园综合体试点项目之一。

讲到鲁家村，先说一件事。2018年9月，作为第73届联合国大会的边会活动，联合国环境规划署"地球卫士奖"颁奖典礼在纽约曼哈顿举行。浙江省农村建设的"千村示范、万村整治"工程，获得"地球卫士奖"中的"激励与行动奖"。安吉县递铺镇鲁家村村民裘丽琴代表浙江省参与领奖。裘丽琴在获奖感言中说："我来自浙江省的一个村庄。15年前，我每天都要拎着满满的一桶脏水走到很远的地方去倒污水。当时，我家厨房没有排污管，村里没有垃圾箱，河道被污染，河水又黑又臭。今天，习近平主席亲自推动的'千村示范、万村整治'工程使我们的村庄变成一张亮丽的明信片。"这个村，不仅把自己推向了世界，也把浙江省农村建设的创举推向世界。这个村就是鲁家村。

我与裘丽琴一起参加过浙江卫视一期庆祝中华人民共和国成立70周年的电视节目的录制。我与她聊起这件事，她一脸的自豪与幸福，说："参加这样的一个世界级的颁奖会议，我一辈子难忘，这也是全体村民难忘的自豪与幸福。"

鲁家村的2000多个村民里其实没有一人姓鲁。相传明末清初时，一帮土木工匠迁居于此，在荒坡上建起村庄，以祖师爷鲁班的姓作为村名。现在的鲁家村已成为中国农村的一个典型，但你可能想不到，2011年之前的鲁家村，是一个出了名的穷村。环境差、垃圾多，村民们说，那时的村庄脏乱差，蚊蝇满天飞，垃圾到处堆，简易厕所随处可见，大片农田山林荒废。一没资源，二没产业，村里大部分人常年在外打工。村集体账户上只有约6000元，负债却高达150万元。这样的一个村，是如何蜕变为"开门就是花园、全村都是景区"的中国美丽乡村新样板呢？这里需要提起一个人，这个人就是带领鲁家村实现凤凰涅槃的村党委书记朱仁斌。

朱仁斌少年习武，青年回乡，当过体育老师、武术教练，30来岁时转而从商，开了家建筑装修公司，成了小有名气的企业家，逢年过节回村，村里人叫他"老板"。朱仁斌常年在外经商，但心里依然挂念着家乡。他眼看别的村发展得红红火火，不甘于自己这个村如此沉沦。2011年村干部换届，他回村当选了村党委书记，下决心用习武练就的毅力与果敢带领村民改变落后面貌。

人说"新官上任三把火"，朱仁斌刚当上书记，就被浇了一盆冷水。村子在全县大会上被点名批评：安吉县187个村进行卫生检查，鲁家村排名倒数第一。朱仁斌的脸挂不住了，暗下决心：安吉县是"绿水青山就是金山银山"理念的发祥地，建设生态宜居的美丽乡村，鲁家村绝不能掉队。

有专家说，什么叫欠发达，欠发达就是"遍地垃圾，垃圾遍地"，摘落后的帽子就从搬垃圾开始。然而，面对村里负债150万元，朱仁斌连给13个自然村配备垃圾桶的钱都没有。当村干部就要做奉献，朱仁斌自己垫了约8.5万元，买来垃圾桶放到各村，还聘请几位保洁员，坚持每天打扫。一开始，村民抱怨："怎么扔个垃圾都要管！"仍然想怎么扔就怎么扔，新买的垃圾桶成了摆设。朱仁斌撸起袖子带领党员干部扫马路，捡垃圾，清理河道。慢慢地，垃圾入箱成了村民的生活习惯。2014年全县卫生评比，最落后的鲁家村"逆袭"成了第一。后来鲁家村在每个村民小组所在地都建起了一个垃圾集中处理站，保洁人员定期上门收垃圾。村里的烂泥路变成了柏油路，道路两边种上了树，装了路灯。白天的绿化、晚上的亮化，让村民们一下子找到了自豪感。以前村里电线私搭乱建，现在电线全部埋到了地下。所有这些，让鲁家村从一个脏乱差的村变为一个美丽的示范村。

美丽乡村要实现可持续发展，必须有产业支撑。2013年，中央一号文件首提发展"家庭农场"：鼓励和支持承包土地向专业大户、家庭农场、农民合作社流转。朱仁斌茅塞顿开，决定把村里的土地集中流转，利用现有的农业资源和荒山荒坡，高标准规划建设家庭农场，打造全国首个家庭农场聚集区。鲁家村出资300万元请设计单位规划鲁家村发展蓝图。2014年，鲁家村以"公司+村+家庭农场"的模式，启动了全国首个家庭农场集聚区和示范区建设。他们的做法是，农户把土地流转给村，再由村流转给农场主。农户因土地流转产生的收益约为每户8000元/年，租金随国家稻谷收购价浮动。旅游区每年接待游客约30万人次，

鲁家村家庭农场指示路牌

按照平均每人消费150元计算，将带来每年4500万元的营业额，除去成本和农场、公司分成，村集体每年能创收660万元左右。它还直接、间接提供了上千个工作岗位，村民每年的工资收入就超过600万元。家庭农场的创办让数百名村民陆续返乡，或到农场、旅游公司工作，或将自家房屋改造为精品民宿、农家乐。在这些家庭农场的带动下，村民开启了创业之路。村民利用自家住房开设精品民宿、农家乐，每年产值可达千万元以上。"公司+村+家庭农场"的模式，统筹实施村庄规划、产业规划、旅游规划，放大绿水青山优势，让农业、农村、农民紧密地融为一体，实现了山乡巨变。

鲁家村在发展中，最大的特色是创办家庭农场。鲁家村先后引进万竹农场、葡萄农场、野猪农场等18个各不相同的农场。其中6个核心农场居于中心村，其余12个农场分布四周，分别以蔬菜、水果、药材、茶叶等产业为主。2015年1月，鲁家村与安吉县浙北灵峰旅游有限公司共同投资成立安吉乡土农业发展有限公司、安吉县浙北灵峰旅游有限公司鲁家分公司。前者负责主要场所的经营和管理，后者负责做好营销、宣传工作。2016年，安吉乡土职业技能培训有限公司成立，为村干部、创业者、就业者提供乡村旅游方面的培训。3家公司均由鲁家村集体占股49%，公司占股51%，形成了"公司+村+农场"的共同致富模式。同时，村里修建了10千米的绿道和4.5千米的村庄轨道。一辆"阿鲁阿家"号观光小火车把18个农场串联了起来，构成了一个大景区。伴随着声声汽笛，鲁家村走上了发展道路，共吸引社会投资20余亿元，生态优势变成了农旅融合产业发展资源。

现在走进鲁家村，你根本看不出这里是农村，完全是一个大景区。首先映入眼帘的是游客服务中心，里面展示着18个家庭农场的名特优产品。边上是鲁家木艺文化中心，也是村里的文化礼堂，里面展示着各种木雕家具和村情村史等。宽广的绿地和广场上，建有露天舞台，村民经常会在这里表演各种文艺节目。当然，到鲁家村，你一定要坐小火车在村里观光、赏景，特别是18个家庭农场，每个都有特色，都值得观光、学习。你可以全方位体验乡村生活的快乐，参加野外拓展、篝火烧烤、绿道慢行、骑马游览等，吃野味、品蔬果，也能看到各种动物的表演，还能垂钓、采果实、制作标本。在这里，不仅能欣赏到绿水青山的生态环境，而且还能在绿水青山中体验运动休闲的乐趣。在蓝天白云下，听着耳边鸡鸣犬吠，看着小溪潺潺流动，你一定会度过一段难以忘怀的时光。

在鲁家村，18个农场的特色项目如下。

葡萄农场，面积近300亩，以种植葡萄为主。农场提供采摘葡萄、在农场酿造葡萄酒等农事体验。传说在葡萄架下，你会听到仙女说话，大家不妨试试。

中药农场，面积约539亩，以中药养生、休闲、娱乐为主。在游览中，你一定会学到不少有利于健康养生的医药知识。

竹园农场，也叫万竹农场，面积约300亩，主要种植观赏竹。其中竹展示区面积约50亩，观赏竹面积约170亩，笋用竹林区面积约30亩。"宁可食无肉，不可居无竹"，安吉县是大竹海，大家可以尽情地在竹园中享受清凉世界。

蔬菜农场，面积约150亩，以种植蔬菜为主，结合了亲子游和蔬菜采摘、烧土灶等农事体验系列活动。这个农场，在一排排房子里，筑着上百个灶台，厨房用具已经配好，油盐酱醋也已备好。你可以在蔬菜农场采摘蔬菜后在这里烧。桌椅板凳都有了，几家人一起，或是单位搞活动，或是学校班级开展农事体验，到这里来都是一种别有特色与趣味的选择。这里也可以叫作"一个可以吃的村庄"，另外有几个农场也有类似的设施。

铁皮石斛农场，面积约20亩，以种植名贵中草药铁皮石斛为主。铁皮石斛据说是名贵药材，游客们可以了解种植知识，还可以购买新鲜石斛回家尝尝。

美冬青农场，面积约200亩，种植北美冬青、高白杜鹃。这里是一个美丽的花园，情侣一定要选择这个地方，据说来过这里以后，谈不成的恋爱都成了。

灵芝农场，是采用先进的大棚技术种植蘑菇、木耳、灵芝的实践基地。这里也会给人有与众不同的体验。

野猪农场，面积约150亩，养野猪并提供观赏类活动，辅以农家土

文化礼堂

农场里的土灶体验活动

灶体验活动、卡丁车运动等。《水浒传》中的野猪林大家一定不陌生，可以去体验一下。

牡丹农场，面积约150亩，以种植牡丹为主，集休闲、度假于一体。牡丹盛开的时候，摄影家和画家一定不要错过这个地方。

果园农场，面积约200亩，以种植四季果品为主，是主打体验采摘游的家庭农场。这里好玩又好吃，吃货们可以首选此农场。

鲜花农场，面积约1000亩，是鲁家村最大的农场。这里种植了各类观赏鲜花，各种娱乐、休闲设施也很完备。鲜花盛开的时候，这里绝对让人流连忘返，很值得体验。

映山红农场，主营盆景种植和展览。喜爱盆景的人值得去走走。

野山茶农场，种植野山茶约150亩。采茶的季节里，看着茶农们采茶，别有一番风味，当然，你也可以参与其中。

红山楂农场，总面积约230亩，是集种植、民宿、休闲于一体的独家农庄。

高山牧场，养殖野山羊等，还有跑马场，建有骑马俱乐部，爱好骑马的人可以尽情体验。

葫芦农场，面积约50亩，打造了葫芦娃高端亲子园。自从《葫芦娃》热播，葫芦就成为孩子们的最爱之一。

桃花农场，面积约100亩，有以桃花为主题的复古民宿。这里集住宿、休闲于一体。在这里可以做桃花梦，也可能走桃花运。

生态科技农场，面积约100亩，以香草种植为主，打造学生科普教育基地。这里是理工男的首选，可以做农业科技实验，学习各种生物农业知识。

我不厌其烦地介绍这18个农场，是因为这是鲁家村最有特色的东西。当然，以上农场的面积在发展过程中一定会不断变化，本文仅供参考。读者有兴趣的话，可以针对某一类农场进行深入的调研考察和学习体验。

这18个农场也一直在不断地转型升级中，据说蔬菜农场被海归农场取代，有房车露营基地入驻，"两山"学院也已经投入使用，火车旅馆、小吃街等已经初具规模。

2017年中央一号文件提出支持有条件的乡村建设以农民合作社为主要载体，让农民充分参与和受益，集循环农业、创意农业、农事体验于一体的田园综合体。鲁家村成为全国第一批15个国家田园综合体试验点之一，又迎来了新的发展机遇和更高的目标定位。

从打造国家级田园综合体的目标出发，鲁家村提出要打造国内农村产业融合发展示范园标杆。形象定位是田园鲁家、共同梦想。项目目标是"绿水青山就是金山银山"理念先行实践示范区。总体布局是一核、二溪、三区、四村：一核是家庭农场集聚区；二溪是鲁家溪和梅园溪；三区是"溪上田园"绿色生态农业示范区，"岭上家园"创意农业休闲度假区，"云上乐园"生态农林乡居体验区；四村是鲁家村、南北庄村、赤芝村、义士塔村，总面积约55.9平方千米。从中人们可以看到鲁家村新的大手笔规划，这也是浙江省农民特别有梦想的体现。

鲁家村要打造的田园综合体，主要有6个特点：一是产业兴旺，是一个有生产活动的村落，是包含了农、林、牧、渔、加工、制造、餐饮、酒店、仓储、保鲜、旅游等行业的三产融合体和城乡复合体；二是旅游胜地，是一个可以玩的村落，是旅游发展新方向和新亮点；三是文化浓郁，是一个充满乡愁的村落，保留和弘扬当地的历史、文化、风俗习惯等，让美丽乡村更加具有文化厚度，让乡村在发展中实现产业、文化与生态的互促共赢；四是设施完备，是一个生活便捷的村落，具有各种完善的基础服务设施是建设田园综合体的基本条件；五是农事体验，是一个可以寻找新生活的村落，实现农业、休闲与社区的融合，田园综合体一头连着乡村的美丽和活力，通向都市人的世外桃源和田园梦想，一头连着乡村商业价值的提升，能更好地带动新农村的发展；六是重塑乡村，是一个带着农民梦想的村落，田园综合体是乡与城的结合、农与工的结合、传统与现代的结合、生产与生活的结合，以乡村复兴和再造为目标，给乡村注入新的活力，重新激活价值、信仰、灵感和归属感。

鲁家村就是按照这样的要求，不断地拓展自己的发展领域，将美丽乡村田园综合体"有农有牧，有景有致，有山有水，各具特色"的独特魅力呈现给世人。现在的鲁家村，是一个粉墙黛瓦的村庄，星罗棋布的房屋掩映在绿荫之中，红色的火车像一根项链把整个村庄串起来。湖中长着荷花，硕大的荷叶在风中摇摆。绿茵茵的草坪沐浴在阳光下，不时有几只白鹭停歇在石头上。满眼尽是秀丽河山，以及安祥闲适的田园生活。鲁家村，让越来越多的旅游者纷至沓来。

　　鲁家村的名声越来越大，知名度和美誉度也不断提高，首批国家农村产业融合发展示范园、全国十佳小康村、中国美丽休闲乡村、国家森林乡村的荣誉都落在了鲁家村。《乡村振兴战略大家谈》第二集鲁家村篇在央视新闻频道、浙江卫视开播。其报道了鲁家村通过机制创新、模式创新，实现了村集体经济快速发展和村民共同富裕的梦想。登上央视是对鲁家村建设美丽乡村的充分肯定。作为中国美丽乡村的样板，登上联合国的颁奖台，更是对鲁家村10多年付出的一种意想不到的回报。村党委书记朱仁斌也获得了许多荣誉。他荣获了浙江骄傲人物提名奖、浙江乡村振兴带头人"金牛奖"、中国旅游总评榜"年度旅游风云人物奖"等，先后被评为浙江省最美旅游人、中央组织部全国7个党员学习榜样之一、中宣部"全国最美基层干部"。农村的发展一定要靠好的带头人。

　　让我们启程，奔向鲁家村。其实，鲁家村也在开始新的旅程，向着更加美好的明天奔去。

鲁家村的秀丽风景

百年越剧诞生的村庄
——绍兴市嵊州市甘霖镇东王村

村庄名片： 嵊州市甘霖镇东王村由东山、东王、梅涧桥、东梅、沈家5个自然村合并而成。东王村共有200户571人，耕地面积约290亩。村所处地理位置优越，紧邻37省道和甬金高速公路甘霖出入口。这个村因成为中国越剧诞生地而著名，同时也是浙江省的3A级景区村庄。

那天，我在参加乌镇国际戏剧节，坐在造型像一条船的乌镇大剧院里看茅威涛、章益清主演的越剧《梁山伯与祝英台》。虽然这个戏我看过多次，对剧情也十分熟悉，甚至可以说是了如指掌，但是仍然被茅威涛、章益清淋漓尽致的演绎和跌宕起伏的情节所深深地打动，再次又泪流满面。戏已经结束，坐在我旁边的一个外国人，显然是一个"中国通"，中文讲得极为标准，一直坐着，不肯起来，一直摇着头说："祝英台应该早点说自己是个女的，可惜可惜！"我想，这就是越剧的魅力，也是艺术的力量，能够打动所有人的心。

我在绍兴市工作过5年半，去过绍兴市所有的乡镇，对绍兴市充满感情。最近我有机会去了一趟中国越剧的发祥地——嵊州市甘霖镇的东王村。

化蝶

越剧，被称为"中国歌剧"。中国有5大剧种，京剧、越剧、黄梅戏、评剧、豫剧，越剧在其中知名度较高。越剧发源于绍兴市嵊州市，后来逐步向外发展，在杭州市和上海市等地扎下根，并不断地发展壮大，影响日益广远，后来渐渐流行于全国许多地方，甚至走向世界。越剧在自己100多年的发展历程中，不断地汲取了昆曲、话剧、绍剧等剧种之特色，经历了由男子越剧到女子越剧为主的历史性演变。越剧是以唱为主的剧种，腔调婉转细腻，特别长于抒情，歌词优美，旋律动听，表演真切动人，舞台唯美典雅，剧情催人泪下，极具江南灵秀之气，集江南文化之精华，广受江南百姓欢迎，被誉为中国继京剧之后的第二大剧种，也是中国流传最广的地方剧种。越剧的剧目以"才子佳人"题材为主，艺术流派繁多，据称有十三大流派。主要流行地域是浙江省、上海市、江西省、福建省等南方地区，以及北京市、天津市等北方地区。2006年5月，越剧经国务院批准列入第一批国家级非物质文化遗产名录。2019年11月，"国家级非物质文化遗产代表性项目保护单位名单"公布，上海越剧艺术传习所（上海越剧院）、嵊州市越剧艺术保护传承中心获得越剧项目保护单位资格。近年来，浙江小百花越剧团的郭小男、茅威涛等以袁雪芬等前辈为榜样，突破越剧题材、表现手段的局限，不断扩展越剧的边界。他们借鉴中国民间故事，吸收汤显祖、莎士比亚、鲁迅、谷崎润一郎等古往今来国内外名家名作的优点，推出了《陆游与唐婉》《春琴传》《孔乙己》《江南好人》《寇流兰与杜丽娘》等作品，甚至拍摄了多部越剧电影，令越剧披上或诗意或时尚、或厚重或凄美的外衣，吸引了众多年轻的观众。2020年5月，越剧入选首批"浙江文化印记"名单。然而，令人想不到的是，这样一个家喻户晓的剧种居然起源于嵊州市一个很不起眼的村庄——东王村。

　　这一天，我走进东王村，有些吃惊，因为这个越剧发祥地竟然保存着如此古朴的村容村貌。村口有一棵树龄比较大的大树，这种树在我的老家被称为风水树。枝干粗壮，苍老的树皮刻满了岁月的沧桑。宽广的绿色树荫，护着东王村的过去、现在和未来。树根处有一块青石碑，写着"东王——中国越剧诞生地"几个书法大字，像是在告诉每一位到访者已经进入越剧的故乡。我们一路走进村，到处可以感受到浓郁的越剧氛围。"越剧诞生地东王村"碑前，便是新建的东王村戏台，广场地上写着一个很大的"越"字，戏台四边飞檐高翘，两旁的游廊，庄严雄

村中广场地上写着一个很大的"越"字

伟，颇具气势。广场边上的墙上，画着几个越剧人物，旁边也写着"东王——中国越剧诞生地"。同时写了一副对联：天恩剡中，的笃神韵育越曲；地惠堂前，稻桶纳艺孕戏文。讲的就是东王村诞生越剧的故事。我们走在村里，一路上看到粉刷一新的墙上画着越剧人物故事，路边立着一些越剧人物的镂空雕塑，形象十分生动，仿佛一直在舞动衣袖，唱着久远的故事。

我们到了香火堂，这里是越剧第一次演出的地方。在1851年前后，东王村村民特别喜好自编自唱。农民自娱自乐的方式是"田头歌唱"，见人唱人、见物唱物、随兴编词，田头歌唱十分接地气，擅长歌舞者尤受百姓欢迎，后来慢慢发展为沿门立唱。清朝同治年间（1862—1874），这里旱涝并作，人们生活艰苦，食不果腹，有唱歌才能的农民纷纷加入沿门卖唱的行列。后来演唱形式又从沿门卖唱演变为进入厅堂和茶楼内演唱，这时的唱法称为"走台书"。这种"落地唱书"的说唱形式便是越剧的前身。

1906年3月27日（农历三月初三），唱书人李世泉、李茂正在乡亲们热情的鼓励下，邀请了高炳火、钱景松、袁福生、金世根、俞柏松、高金灿，还有把场师傅倪生标、化妆指导李凤珠等10余人，经过一番精心准备，首次在东王村香火堂前用4只稻桶垫底，铺上门板搭台演戏，演出剧目有大戏《双金花》和"召戏"《倪凤扇茶》《十件头》。艺人们在台上一人一角，穿上简易的戏曲服装，用鹅蛋粉当粉底，大红纸蘸水代替胭脂，锅底灰画眉毛，配以简单的动作，进行演出，受到了乡亲们的交口称赞和热烈欢迎。这是一次有组织、有准备、有分工，又有把场师傅、路头提纲本、服装化妆、专职打板击鼓和人声接调、一人一角的正式演出。这标志着越剧诞生了，东王村从此成为越剧的诞生地，这天也成了越剧的诞生日。从这一天起，剡溪两岸的戏班如雨后春笋般涌现，多时竟达200多个。之后，越剧经历了小歌班、绍兴文戏男班、绍兴文戏女班、女子越剧等几个不同阶段的发展，以其真切细腻的表演、婉转动听的唱腔、优美抒情的风格赢得了广大观众的认可，从嵊州市唱到绍兴市、宁波市、杭州市，走红于上海市，流行于全国，成为中华戏曲百花园中的一朵奇葩。

今天，东王村的香火堂内，那几只旧稻桶以及当年的行头、道具、乐器被精心保存着，它们是百年越剧的见证，也是带着昨日文化温度的物件。这演出的服装，还是"戏子"们用大布衫和竹布花裙改制的，看上去远没有今天的戏服那般考究和精致，但依旧显示了当年"才子佳人"的风韵。香火堂建于清朝嘉庆年间（1796—1820），由正屋、东西侧屋和台门组成，建筑占地面积907平方米，系面阔三间的两层民宅。我站在香火堂里，望着这几只稻桶浮想联翩。我想李世泉、李茂正他们几个人根本不会知道，他们的一次简陋演出，竟成为中国越剧第一台正式的演出，并宣告了中国越剧的诞生。艺人们的创造性和不畏艰辛的精神感动了我们这些当代人。今天，我们惊叹于越剧的辉煌，但所有的辉煌，在开始的时候都一定来自辛酸与简陋，也一定来自前所未有的创造与创新。目前这个香火堂已经被列为浙江省文物保护单位。据说每年的3月27日，越剧名家和无数的越剧戏迷会从四面八方云集到这里，举行各种纪念和庆祝活动，东王村已经成为世界越剧人心中的圣地。每年的这一天，全国越剧界代表和越剧爱好者，会在东王村尽情展示自己的妆容，品味戏曲艺术的风韵，品尝当地小吃炒年糕、小笼包、春饼等，举办各种精彩纷呈的活动，年年将东王村搞得热闹非凡。

近年来，东王村依托悠久历史积淀下来的深厚文化底蕴，围绕"游

香火堂

百年越剧诞生地,听最地道的越剧调"的旅游发展主题,按照"越剧为魂、生态为本"的发展理念,结合美丽乡村建设,大力发展旅游产业,对村庄进行了全面的修缮与改造提升,致力于把东王村打造成充分体现百年越剧诞生地景象和浙江3A级村庄品位的文化旅游村。特别是自2017年起,东王村投入1200多万元,实施了入村口的全面改造,立起了村名石,建起了小花园与绿化带。深度整治了村中一条自南而北、穿村而过的小溪,恢复了当年小桥流水的景象。新建了水上戏台,改造了村里的休闲公园,完成了香火堂布展等工程。香火堂的正门过去是一片破旧的闲置房屋,村里下决心拆除了其中8间危旧房,改造成了特色戏迷角。在村庄的整个改造过程中,村民高度重视对古村落的原生态保护,保留、修缮了一批黄泥夯土墙和黑瓦的老房子,特别是最大限度地保留了100多年前越剧诞生时的村庄风貌,守住了村庄的文脉与悠久历史。

今天的东王村,一幢幢粉墙黛瓦的古民居,整整齐齐地分布在村庄之中，一些改革开放以来新建的农民房也经过了风格协调的处理，整个村庄呈现出一种古色古香又生机勃勃的景象。村庄里，道路两旁的绿化十分精致，种植了各种花草，村民们都把自家的房前屋后打扮成美丽的庭院。道路两旁的墙上手绘着许多与越剧有关的故事。特别是新建的古戏台，搭配园林水景，彰显了越剧的唯美典雅之气，受到了越剧戏迷的欢迎。在清澈的池塘边，一些家庭妇女正在洗涤衣物，不少村民或悠闲地坐在家门口，或三五成群地聚在一起，或慢慢地走在村庄里，享受着古老的村庄留传下来的幸福、安详与快乐。

东王村一个最大的特色就是几乎人人都会唱越剧。行走在村庄里，你会不时地听到婉转动听的越剧。特别是晚上，村庄里总是飘扬着悠扬的越剧曲段。而且这些村民，对传统的越剧非常熟悉。你随便哼几句，他们都可以讲出这是什么剧里的唱腔。那些唱得好的越剧票友，还能给你指出这是什么流派的。那天我们就看到一群村民聚在一起唱越剧。一件的笃板、几把二胡，配上锣鼓，两三位演员，就能有板有眼地表演一段。据说逢年过节，或是村里的喜庆典礼，村民们就会搭起戏台，不用外请演员，自己就能演几出大戏。台上演员在演着唱着，台下一片跟着哼着和着。今天，上到宣传国家政策，下到道出家长里短，或是提倡敬老爱幼，或是举办民俗婚嫁，东王村村民都能编成好听的越剧，都能唱到人的心坎里。东王村组建了一个民间越剧团，规模较大的演出他们都能承担。从东王村越剧的兴盛过程中，你可以认识到什么才叫真正的群众文化，什么才叫越剧的故乡。这里，到处都是越剧迷和越剧的知音。只要你会唱几句越剧，在东王村就将受到不同一般的欢迎与赞美。

东王村是嵊州市保护与传承越剧的一个典范。作为越剧的诞生地，嵊州市近年来为推进越剧的传承发展做出了许多艰苦的努力，如启动了

"越剧文化生态保护区"建设工作，努力促进越剧文化生态的保护、发展和创新。人才是越剧传承发展的首要条件，嵊州市注重越剧人才的培养，坚持"越剧教育从娃娃抓起"，把越剧教育纳入学校艺术教育体系，探索出一条从幼儿园到中学的越剧特色教育新路子，打造"越剧进课堂"全国样本。

其中特别值得一提的是，坐落于剡溪之畔的越剧小镇，是东王村越剧文化在当代的高级升级版。小镇依托嵊州市境内万年小黄山、千年唐诗路留下的文化积淀，以及秀美壮阔的自然风光而建。越剧小镇占地约3.68平方千米，地处女子越剧发源地施家岙，也在东王村边上。四周青山屏列，剡溪江水如练，两岸古迹连连。小镇深受"万年文化小黄山、千年剡溪唐诗路、百年越剧诞生地"的人文涵养的影响，形成了一个以山水为承载、戏剧为核心的文化旅游小镇。小镇的根本理想，在于重新建构贴近中国式文脉传统的品质生活，呼唤大众从"文旅"起步，重新确立曾经属于自己的"让精神得以愉悦，自然得以亲和，身心得以修养，艺术得以体验"的中国式生活理念。小镇的远景规划，是在保持天然山水田园风貌的基础上，打造集戏剧、文化、生活于一体的生态园区，以越剧为核心，以包含戏曲、话剧、舞蹈、曲艺、音乐剧等在内的常态演出为支撑，以三大剧场、戏剧工坊、艺术教育、非遗体验馆、工匠艺术村落等为板块，吸引全球艺术家与观众到此聚集。

那天我走进这个越剧小镇一看，觉得真是个好地方。周边群山披翠，一江清水绕着小镇。越剧小镇是传统与现代的完美结合，大草坪、大花园，有现代建筑，更多的是粉墙黛瓦的徽派建筑群。亭台楼阁、精致大气的古戏台，修整得平坦的小镇道路，长长的沿江游步道，的确不同凡响。如果说东王村代表了昨天的越剧，那么这个小镇就代表了今天

挂满越剧海报的古色古香的长廊

村庄道路两旁的整洁绿化

古戏楼

与明天的越剧。我们去的那天，浙江小百花越剧团、上海越剧院等10家顶尖越剧院团联袂出演了《柳毅传书》《梁山伯与祝英台》《追鱼》等经典折子戏，让我们大饱眼福。我们走在剡溪的吊桥上，远眺越剧演员顺水泛舟，宛如看见百年前越剧女演员乘坐乌篷船沿着剡溪去上海市的场景。那天的越剧小镇里还有木偶、评弹、皮影、青瓷瓯乐、嵊州吹打、干漆夹苎等"非遗"文化的生动展示。越剧小镇在嵊州市原有的越剧艺术学校的基础上打造的女子艺术学校，为越剧的可持续发展源源不断地输入人才。我想，越剧小镇一定会在东王村创造的越剧文化积淀的基础上，产生一种别样精彩的创新与发展，我十分期待这个以人文色彩满足人们对乡间美好生活向往的"梦里桃源"，传承与发扬中国文化与艺术的悠久根脉，实现"不负江南"的心中梦想。

近年来，在越剧诞生地嵊州市，越剧无处不在。越剧艺术学校、越剧博物馆、越剧名家故居等景点弹拨着每个来此寻根的游客的心弦。作为越剧的诞生地，嵊州市精心守护着这门艺术，并走过了100多年的历史，让这一剧种焕发出新时代的光彩。为了传承发展和弘扬越剧文化，凝聚全世界的越剧戏迷，嵊州市举办了全国越剧戏迷大会，吸引了全国6万多名戏迷参加。第二届全国越剧戏迷大会创新运用"互联网+越剧"思维，当天，中国越剧戏迷网也正式上线。中国越剧戏迷网致力于在新形势下利用互联网，广泛地弘扬越剧文化，积极地传承越剧艺术，全面地服务全国戏迷。中国越剧戏迷网不但建成了越剧戏迷聚会、交流、探讨的网上平台，还延伸发展出了全国爱越小站、全国戏迷大会等线下实体，以及微信公众平台、App、网上越博馆、手游等线上平台。开展线上线下活动，积极涵养越剧生态，凝聚戏迷力量，让越剧拥抱互联网，形成越剧传承、创新、繁荣、发展的全新生态圈，让戏迷沉醉在越剧的"网"里。中国越剧戏迷网已经成为国内一流的越剧专业网络平台和全国越剧戏迷互动之家。

随着时代的发展和老百姓对美好生活的向往，艺术渐渐走进寻常百姓家，越剧也以新的形式融入这个时代人们的生活需求中。但是，越剧无论如何发展，一定离不开东王村的文化根脉，而东王村的越剧故事也将跟着时代的步伐变得更加精彩。

鲜花盛开的村庄

——绍兴市柯桥区漓渚镇棠棣村

村庄名片： 棠棣村位于绍兴市柯桥区漓渚镇，由头社、二社、刘家3个自然村组成，距离县城约25千米，村域面积约2.91平方千米，农户496户1514人，现有耕地面积约714亩，山林面积约1936亩，包含生态公益林、绿化花木等经济作物林。诗云"漓渚满目绿无涯，棠棣无处不逢花"，棠棣村是名副其实的"绍兴花木第一村"，拥有3万余亩的花木基地，95%以上的劳动力都直接或间接地从事着花木的生产和经营活动。棠棣村先后获得国家级美丽宜居示范村，浙江省级兴林富民示范村、省级全面小康示范村、浙江省生态文化基地、浙江省社会科学普及基地、浙江省3A级景区村庄、浙江省文明村等荣誉称号。 2020年6月，棠棣村入选了浙江省第二批全国乡村旅游重点村推荐名单。

我因为参加浙江省农村精神文明建设现场会，走进了棠棣村。我们沿着一条开满鲜花的大道进了村，一到棠棣村，让人眼睛一亮的是粉墙黛瓦的文化礼堂和边上的一个玻璃大棚。那天太阳光特别强烈，蓝天干净得如洗过一般。天空之下，整洁的村庄蜿蜒在山谷中，一幢幢现代化的别墅分布在绿树丛中，一条宽阔整洁的林荫道穿村而过。

这个村庄最大的特色就是到处都是鲜花，石头垒起来的矮墙上种满了似锦的繁花，到处都是相映成趣的红花绿叶，空气中飘荡着鲜花的芬芳。我想，这里的农民一定会很幸福。我们在村里看到的都是老人们脸上慈祥的笑容和孩子们眼中快乐的光芒。

我在绍兴市工作过5年半，知道在绍兴市这个地方，你要轻轻地走路，一不小心，就会惊动一位名人的梦。绍兴市的文化积淀极为深厚，连村名都取的很有文化。棠棣村的村名就很有来头，出自《诗经》。《诗经·小雅·常棣》说："常棣之华，鄂不韡韡，凡今之人，莫如兄弟。"棠棣（编者注：棠棣即常棣）本义为花木，形容兄弟情义。历史上村里曾漫山遍野都是棠棣树，因此人们便把村庄取名叫棠棣村。据传2500年前，越王勾践在兰渚山下种植兰花，并传承下来，棠棣村居民世代以采兰、养兰为业，培育了不少名兰品种。特别是改革开放春风吹来，棠棣村办起了当地第一个花圃，从此开启了创业致富之路。"无地不种花、无人不卖花"是棠棣村的真实写照。全村95%的土地被用于种植花木，95%的劳动力从事花木产业，95%的经济收入来自花木经营，95%有劳动能力的人都自主创业。在棠棣村，春天有姹紫嫣红的春光，夏天有蝉鸣树林的幽静，秋天有满地金黄的喜悦，冬天有冰清玉洁的高贵。如今的棠棣村，以"绍兴花木第一村"的头衔闻名天下，是绍兴市最早、最大的花木专业村。棠棣村被称为"千年兰乡"，充分发挥"中国春兰故乡"的品牌，依托兰花传统优势，逐步走出了一条传承兰文化、培育花木产业和建设美丽乡村有效结合、互促共进的发展之路。据统计，国内兰界约有50%的新品种出自棠棣村，约有80%的老品种是由棠棣兰农发掘培育的。棠棣兰香远飘日本、韩国等国家和地区。通过发展花木产业，棠棣村家家住进了小洋楼、开起了小汽车。兰花有"花

棠棣村鸟瞰图

中君子"的美誉，种兰养兰的棠棣人，把兰花视作"村花"，也一直深受兰文化熏陶、家风淳朴、代代相传。棠棣人用勤劳和智慧书写了一部"绿水青山就是金山银山"的奋斗史。

走进棠棣村，处处可闻兰花的清香，也处处能体验到兰文化的氛围。村里的文化礼堂是以兰文化为依托，主题是"花乡棠棣、花样生活"。一楼是兰文化馆，集中展示了棠棣村村民"以兰为镜、人勤春早"的励志文化和"以兰为缘、花好人和"的乡贤文化。二楼是文化礼堂的道德讲堂、文体活动室、农家书屋、春泥计划活动室等。文化礼堂边上的玻璃大棚，是一个兰花展示中心。我走进这个大棚，被各式各样的兰花所震惊。我也是一个爱兰之人，家里也养着兰花，但是从来没有见过这么多的兰花品种。我也曾是一个美术爱好者，欣赏过许多名家的兰画，但是，面对这么多的兰花，所有的画都显得苍白。在村里一个叫"兰谷苑"的玻璃花房里，培育着"宋梅""素心"等上万盆不同品种的兰花，郁郁葱葱，据说一盆可以卖到数千元，引来众多兰花爱好者。我们这些参加会议的代表也挤在里面观赏这一盆盆不知名但知其美的兰花，过了很久也不愿离开。

我从教科书上了解到，兰花是单子叶植物纲、兰科、兰属植物的通称。中国传统名花中的兰花指分布在中国兰属植物中的若干种地生兰，如春兰、惠兰、建兰、墨兰和寒兰等，即通常所指的"中国兰"。这一类兰花与花大色艳的热带兰花大不相同，没有硕大的花、叶，却具有质朴文静、淡雅高洁的气质，很符合东方人的审美情趣。兰花的叶终年鲜绿、刚柔兼备、丽姿雅美、飘逸洒脱，即使不是花期，也像是一件充满生机的艺术品。中国有2000多年的栽培历史，绍兴市就是兰花的故乡。中国人历来把兰花看作高洁典雅的象征，并与"梅、竹、菊"并列，

兰花盆景

合称"四君子"。通常以"兰章"喻诗文之美，以"兰交"喻友谊之真，也有人借兰来表达纯洁的爱情。宋代是中国种兰、赏兰、艺兰的鼎盛时期，有关兰艺的书籍及描述众多。南宋的赵时庚于1233年写成的《金漳兰谱》是中国保留至今最早的一部研究兰花的著作，也是世界上第一部兰花专著。在宋代，以兰花为题材的国画有赵孟坚所绘的《春兰图》，被认为是现存最早的兰花名画。兰花的花色淡雅，其中以嫩绿、黄绿居多，但尤以素心者为名贵。兰花的香气，清而不浊，一盆在室，芳香四溢。

　　喜爱画画的我，特别喜欢名家的兰花国画，因为兰外形简洁素雅、叶形细长柔软，花姿优美、素淡幽香，具有"色清、气清、神清、韵清"的气质，自古文人就偏爱种兰、赏兰、咏兰、画兰、写兰。中国文人向来清高，以傲骨为荣，于是，长于山野而芬芳淡雅的兰花，就成了文人寄情之物。所以历代的文人画中，缺不了兰的身影。并且，中国画

兰花水墨画

重在神似，大写意，略略数笔，就能表达兰花的优雅、飘逸、清高、洒脱，无论把兰花与石头画在一起，还是只有略略数笔的兰花，不再画任何别的物品，都是难得的独具韵味的佳作。

我是到棠棣村参加农村精神文明建设现场会的，兰是看得见的美，而通过种兰，人也变美了，棠棣村成了精神文明建设的样板村。棠棣人深知养花先养人，没有人的精神境界的提升，没有与兰花相配的素养，要养出好兰花可不容易。所以，棠棣村把加强精神文明建设作为村里一项极为重要的工作来推进，在全面做好村庄整治、道路修整、旧房改造等各项工作的同时，广泛开展形式多样的群众性精神文明创建活动。

棠棣村全面提升环境、产业、服务和素质"四大工程"，进一步推进全村的新农村建设水平，着力整治、美化村庄环境。以花木发展为特色，以景观节点建设为主线，积极打造"生态、美丽、宜居"的棠棣村。建设标准化村庄道路，全程实现亮化，道路绿化一路一品。集中建设村中心景观，建造"白石庙景观"带，等等。治理村庄内外环境，加大溪流整治力度，确保水质提升，清水绕村。完善给排水系统，加大水冲式公厕建设，完善垃圾收集网络系统，提升垃圾长效化管理水平。通过这些投入，棠棣村成了"美丽乡村"中的精品村、样板村。同时，村民在精神文明的建设上走出了一条独具特色的道路。精神文明建设从社会的最小细胞——家庭做起。家风正，则民风淳；家风正，则政风清；家风正，则党风正。村里不断传递社会正能量，引导村民建立务实、守信、崇学、向善的当代浙江人共同价值观。在家庭精神文明建设中，高度重视家训对每个家庭的教化与传承作用。家训是中国传统文化的一部分，是指家庭对子孙立身处世、持家治业的教诲。家训是家庭文化的重要组成部分，对个人的教养、原则都有着重要的约束作用。棠棣村村民在村党支部和村党员干部的带动下，在全村400多户村民的家门口，统一刻上了工整的家训。结合农村文化礼堂的建设，在村里评选包括"好儿女""好公婆""好媳妇""好邻居"等在内的"棠棣好榜样"，并载入棠棣村荣誉册，像家谱一样把它代代相传。这个"棠棣好榜样"从2008年就开始评选了，其中包括最美棠棣人、最美家庭两大系列，一年评选一次，每年都在"金秋感兰仪式"上进行表彰。全村积极创建党员文明奉献示范岗、文明家庭、文明户、文明企业，把精神文明建设搞得红红火火。村民们的精神文化生活也日益丰富，村里开展各类寓教于乐的文体活动，倡导健康、文明、科学的生活方式，建起了戏迷俱乐部、书画俱乐部、摄影俱乐部等9个村级民间文艺组织，各类文化活动开展得如火如荼。每天早晨与傍晚，文化礼堂前的广场和礼堂内欢声笑语、热闹非凡。文明与和谐总是联系在一起。棠棣村建起了"和老师调解团",这个民间调解组织由村里的老教师、老党员、老干部等"五老"人员组成,在化解民间纠纷、促进和谐方面,探索出了"以民治民、柔性治理"的棠棣模式。在外经商的乡贤们还捐款设立文化礼堂公益基金,为村里的文化活动提供资金保障,让留守村民老有所乐,棠棣村的文化鲜花开得越来越艳。通过这些途径与方法,棠棣村为村民创造了一个安居乐业、物质文化生活丰富多彩、人与人和谐相处的良好环境,成为绍兴市远近闻名的精神文明建设示范村,因此全省的农村精神文明建设现场会就选择了棠棣村。在村里近半天的考察,给我们留下了深刻的印象,这里的一切让我们赞不绝口。从此,我也一直关注着棠棣村的发展。

2019年12月19日,《浙江日报》头版刊登《我们的书记叫"刘宝"》,对棠棣村党总支书记、村委会主任刘建明多年来一心扑在乡村建设与发展上,带领全村奔向高质量小康的先进事迹进行了报道,在全省引起强烈反响。原浙江省委书记车俊在批示中指出:刘建明同志确实是个宝,不仅自己能致富,还能带领全村人致富。

"村里这些年的发展,确实多亏了'刘宝'!""有这么好的书记,真是我们棠棣人的福气!"在网络上,棠棣村村民纷纷留言,点赞自己的书记。我在中共浙江省委组织部和中共绍兴市委组织部工作过多年,分管过基层,深知在农村,村看村,户看户,群众看党员,党员看干部,干部看支部,支部看支书。村干部的奉献精神比什么都重要。棠棣村有今天,一定有一个好的带头人。从报道中可以看出,刘建明担任总支书记以来,在工作中不惧困难险阻、不计名利得失,带领棠棣村全体村民奔小康,走出了一条符合棠棣村实际、具有棠棣村特色的乡村振兴道路,把棠棣村从一个普通山村变成今天全国乡村振兴的示范村、美丽乡村的"网红村"。

听当地人介绍，棠棣村的变化离不开刘建明的带领作用。1997年1月，刘建明正式上任，成了"刘书记"。当时村里有150多户人家种花，"农家肥"宝贵，因此花田内外遍布300多个露天粪坑，空气中充满奇怪的味道。刘建明上任做的第一件事就是拆露天粪坑。"喊破嗓子不如做出样子"，农村工作就是如此。刘建明先拆了自家花圃的两个粪坑，然后开始挨家挨户上门做工作。村民老刘家门口有个占地近30平方米的粪坑，说什么都不肯拆，刘建明前后上门十几次都收效甚微，最后他使出"杀手锏"："上海亲戚来村里，是不是都不肯住你家？每次去上厕所，是不是都眯眼捏鼻，满脸藏不住的嫌弃？"老刘很快妥协，第二天就自己动手拆了粪坑，门前的村道拓宽了一截，还布置出一片颇有规模的花田。一场轰轰烈烈的"厕所革命"就这样推开了。原先把种花当生计，习惯种花给别人看的花农们，开始学会用花装点自己的生活。以前，棠棣村的出村小路大半还是泥路，窄到只能通行一辆拖拉机，一下雨，泥泞不堪。村民们说："家里穿拖鞋，出门穿套鞋。"游客来了也叫苦连连。有村民说："以前我们村路况很差，苗木经常要靠人力挑出去。有时候甚至花都谢了，苗木还没运出去。"可修路不是小事，征地涉及170多户人家，占到全村50%以上的村民。刘建明带领党员耐心细致地做群众工作，特别是建起"村事大家管"微信群。每天，他把修路的进展"微"进群里，交给大家议。"修路是为了村里发展！""路修好了，你家的苗木运出去也方便了！"你一言我一语，渐渐地把村民们的意见统一了。从征地拆迁、苗木补偿合同的签订到道路的修建完工仅用了4个多月。"棠棣速度"带来的是游客和工商资本的不断涌入。村民种植的花卉树苗都搭上大货车从这条农村公路运到了全国各地，与之前的人工运输相比，路修好后的运输成本足足节省了60%—70%。

接着，村党组织一班人带领村民们走出了一条"以花为媒"的致富路，建立了"公司+合作社+基地+农户"的花木专业村发展模式。棠棣村利用花卉资源和兰渚山深厚的文化底蕴发展乡村旅游。随着旅游业的日益兴盛，棠棣村村民大办精品农家乐、民宿等，走出发展新路径。棠棣村还借力漓渚镇打造绍兴市首个国家级田园综合体项目——以"千亩花市""千亩花苑""千亩花田"为核心的"花香漓渚"田园综合体。"花香漓渚"田园综合体的开工建设将300多亩分散的丘陵山地改造成了连片农田，种上了鲁冰花、向日葵、彩色水稻，助推棠棣村以三产深度融合实现农业、农村、农民新发展的构想成为现实。花田分为花木示范、五彩花海、休闲体验、艺术摄影4大板块，助力棠棣村发展旅游业。单这一个项目，一年就吸引10万余名游客前来"打卡"。

刘建明还把种植兰花的经验运用到村庄的治理中。他说，棠棣村被誉为"千年兰乡"。治村如养兰，这些年我们把种植兰花的经验用到了基层治理中，将养兰的晒根、松土、透水、通风、控温、换盆6种技巧和乡村治理中的阳光政务、疏导治理、洁身自好、宣传教育、自控约束、因势利导紧密联系起来，形成了有特色的村庄治理经验。比如说晒根，就是晾晒兰花根部使之更有生命力。这与通过阳光政务，及时将群众关心、担心、疑虑的问题公开，充分调动群众参与及监督的积极性和自觉性，让小微权力在阳光下运行有着异曲同工之妙。再如松土，就是让兰花生长的土壤透气，延伸到治村中，和我们平时信息公开透明、引导群众理解村集体、化解矛盾纠纷的做法有些类似。

我们的基层干部是真正的英雄，把如此复杂的基层治理用种植兰花的方法讲得简明扼要又入木三分。

棠棣村道路边种满各种各样的鲜花

    面向未来，棠棣村牢记"绿水青山就是金山银山"的重要理念，把"美丽资源"转化为"美丽资本"，把"美丽资本"转化为"美丽产业"，走出了一条生态美、产业美、人居美的绿色发展之路。村里不断完善旅游线路，优化各种配套设施，引进智慧农业项目，成立绍兴市棠棣乡村振兴实训基地，全力打造乡村旅游发展新亮点。还结合本村特色开发出一系列特色文创产品，丰富乡村旅游业态，助力乡村振兴。棠棣村村民祖祖辈辈从事采兰、种兰、卖兰，现在迎来了新时代的电商网络、电商小镇。目前，作为浙江省首批3A级景区村庄，棠棣村拥有10多个景点，如兰谷苑、兰谷亭、兰谷广场、兰文化馆、兰泽亭、兰泽路、白石庙、庙池、美丽庭院等，村民人均年收入超过8万元。棠棣村不仅获批成为绍兴市首个国家级美丽宜居示范村创建试点村，还获评全国生态文化村、全国乡村振兴示范村、浙江最美村庄、省休闲旅游示范村等荣誉。"漓水清，渚山奇，兰香满棠棣。美舍依花田，绿荫入春池，悠悠乡音飘来欢声笑语……"棠棣村村歌《棠棣花开等君来》的歌词就是这里村民生活的最好写照，也是他们未来的希望与梦想。

在"美丽浙江——寻找外国人眼中的最美乡村"活动中，国际友人在棠棣村体验乡村生活。他们参观了棠棣村文化礼堂，在兰花博览馆驻足观看种兰、养兰工具，还在书画区留下了《中外友谊长存》的书法作品。在兰花休闲展览区，各位外国友人在老师的指导下亲手种下了一盆象征友谊的兰花，还在传统越剧声中上台展示了自己的绝活，表达对棠棣美丽乡村的喜爱。在这次活动中，棠棣村上榜"外国人眼中的最美乡村"。

翻译《共产党宣言》的村庄
——金华市义乌市城西街道分水塘村

村庄名片： 义乌市城西街道分水塘村位于金华市义乌市西北部的大峰山、大草坪脚下，距城区约10千米，西邻浦江县。分水塘村建村已有600多年历史，这里是《共产党宣言》首本中文全译本翻译者陈望道的故乡，也是陈望道翻译《共产党宣言》的地方。全村由分水塘、鲍店、先塘、祥店4个自然村组成，村委会驻地分水塘村。全村共550户1190人，党员47人。全村有耕地约560亩，山林约3150亩。近年来，分水塘村按照全面保护、深度开发的总体思路，深入实施整村庄改造提升，把红色资源利用好、红色传统发扬好，打造新时代"不忘初心、牢记使命"主题教育基地、全国爱国主义教育基地。分水塘村被评为国家森林乡村，浙江省红色旅游示范基地、浙江省2A级旅游景区村庄、浙江省生态文化基地。

2012年11月29日，习近平总书记带领中共中央政治局常委参观《复兴之路》展览，当看到放于陈列柜中的《共产党宣言》中文译本时，他提到了一件当年陈望道翻译《共产党宣言》时的轶事，说的是，一天，陈望道在家里翻译《共产党宣言》，妈妈在外面喊着说：

"你吃粽子要沾红糖水，吃了吗？"他说："吃了吃了，甜极了。"
妈妈进门一看，陈望道正在埋头译书，嘴上全是黑墨水。原来，陈望
道因过于专注，把墨水当成了红糖水，然而他浑然不觉，还说："可
甜了可甜了。"说完这个故事，习近平总书记意味深长地说了一句
话：真理的味道非常甜。

陈望道是我国翻译《共产党宣言》完整版本的第一人。1891年1月
18日，陈望道出生在浙江省义乌市分水塘村。1915年初，24岁的陈望道
只身东渡日本留学。1919年，五四运动爆发，陈望道受到极大的鼓舞，
毅然回国参加革命斗争。他回国后受聘于浙江第一师范学校，在那里当
起了国文教师。当时的"一师"是浙江省新文化运动的中心，所以陈望
道回国后，他觉得"一师"是可以为他施展抱负提供舞台的。陈望道一
上任，为学生上的第一课就是鲁迅的白话文《狂人日记》。接着他会同
刘大白、夏丏尊、李次九展开了影响深远的国文改革。同时，陈望道又
创办了《校友会十日刊》，大量刊载李大钊、陈独秀、鲁迅等新文化运
动主将的文章。陈望道还资助学生施存统、俞秀松等人创办了《浙江新
潮》。在学校，他带头发起了反帝反封建的新文化运动，成为"一师风
潮"事件的核心人物。"一师风潮"后，陈望道被迫离职。1920年初，
失了业的陈望道突然收到了一封来自上海市的信：当时上海市著名的报
刊《星期评论》邀请陈望道翻译《共产党宣言》。为什么这次翻译要选
陈望道呢？陈望道的儿子说："要完成这本小册子的翻译，起码得具备
3个条件：一是对马克思主义有深入的了解；二是至少得精通德、英、
日三国语言中的一门；三是有较高的语言文学素养。陈望道在日本留学
期间就接受了马克思主义思想。在日本留学时，他从他的两位老师河上
肇、川山均那里认识了马克思主义，而且他日语、汉语的功底都很深

厚，所以邵力子推荐他来完成这一翻译工作。"

在当时的形势下，翻译《共产党宣言》是一件要送命的事，所以，无法在杭州市进行。陈望道带着英文、日文版的《共产党宣言》悄悄地回到家乡义乌市，躲进家里的一间柴房开始了翻译工作。通过对比英文、日文版的《共产党宣言》，他决定以英译本为底本，日译本为参考进行翻译。那年的冬天，陈家的柴房总是彻夜亮着一盏煤油灯，为漫长的冬夜带来一丝光明。通宵达旦的翻译，他几乎脚不出柴房，一日三餐都由母亲送入柴房。译文不足2万字，但陈望道"费了平时译书的5倍功夫"，花了数十天时间才完成。1920年4月下旬，全书中文翻译稿终于完成。1920年8月，《共产党宣言》出版，这是我国第一次公开正式出版《共产党宣言》全文。全译本首印1000册，封面印有水红色马克思微侧半身肖像。《共产党宣言》一经出版就风靡革命青年和知识分子群体，据统计，到1926年，《共产党宣言》已印刷17次，印数累计数十万册。早期的中国共产党革命家几乎都受到这本书的影响。许多青年就是因为读了这本书，才走上了革命道路。陈望道被誉为"传播《共产党宣言》第一人"。后来，他积极提倡新文化运动，担任过《新青年》的编辑，从1927年起，他在复旦大学任教。1949年中华人民共和国成立后，他积极支持文字改革和推广普通话工作，毕生从事文化教育和语文研究工作。1955年，他当选为中国科学院哲学社会科学学部委员，在哲学、伦理学、文艺理论、美学等领域有较深造诣，建立了我国修辞学的科学体系，为我国语言学的现代化、规范化、科学化做出贡献。他曾经主编《辞海》，著有《修辞学发凡》《文法简论》《标点之革新》等著作。陈望道还担任过复旦大学校长、上海市哲学社会科学联合会主席，第二、三、四届全国人民代表大会代表，第四届全国人民代表大会常务委员会委员，第三、四届全国政治协商会议常务委员会委员，上海市政协副主席，民盟中央副主席，民盟上海市主任委员等职，为中国人民做出了重大贡献。1977年10月29日，陈望道因病逝世，临终前，他把毕生积蓄的22万元全部交给了党组织，以此践行了他终生不变的信仰。

义乌市城西街道想借助陈望道故乡的金名片，大力发展红色旅游，街道领导邀请我去分水塘村看看，为当地发展红色旅游出点主意，于是，我走进了分水塘村，也圆了我长期以来的一个愿望。

那是一个风和日丽的日子，在当地街道干部的引导下，我走进分水塘村。刚一进村，就看到路边立着

一块牌子，写着"分水塘村简介"，我从中了解到，分水塘村村名源于"高高一池塘，滢滢三千方，西流泽义乌，东灌润清江"，这使我对这个村马上有了感性的认识。村口矗立着写着"坚守信仰，不忘初心，传承信仰，牢记使命"16个大字的隶书字阵。远远望去，村里雪白的墙上写着"分水塘村文化礼堂"，旁边是"望道讲堂"4个红色大字，非常醒目。由此可以看出，近年来，当地在红色教育基地的打造和红色旅游的发展上已经做了大量的工作。村庄的道路是用石板铺的，村庄被修缮得整洁亮丽，路旁的草坪与花园里长满了鲜花和各种绿油油的植物。在微风中，鲜花、小草精神抖擞地站着。走在村里，到处都能感受到红色

分水塘村文化礼堂

气息，就连卖农产品的小店门口墙面上也画着马克思的半身像，遮阳棚上写着"甜在嘴里，红在心中"。旁边的一家店更牛，门口的对联写着"瞻望道心甜前行；品红糖嘴甜请进"，横批是"甜上加甜"，估计这家店是卖红糖产品的。我早就听闻义乌市的红糖享誉天下，果然当地人十分的自信，也很会做广告。

我们经过一个宣言广场，在鲜红的巨幅党旗前，看到数十位胸前戴着党徽的中共党员正整齐地分列成几队，高高地举起右拳，炯炯有神的眼光望着前方，声音洪亮地朗诵着入党誓词。当地干部对我说，这里经常有共产党员来搞党日活动，重温入党誓词是基本的选项之一。

当地干部带着我们继续朝里面走去。我们边走边看，沿着石板台阶走进一幢建于清朝宣统年间（1909—1911）的庭院建筑，粉墙黛瓦，一进五开间，左右厢房各两间，这是陈望道的故居。门口立着一尊陈望道先生

甜在嘴里，红在心中

的半身铜像，四周墙上挂着介绍陈望道生平事迹的照片和文字资料。我们转了几个弯，就到了陈望道翻译《共产党宣言》的柴房，当地干部说："这里就是陈望道先生的柴房，在这间房里，他曾误把墨水当成红糖水蘸粽吃……"柴房复原了当年陈望道翻译《共产党宣言》的情景。陈望道的雕塑坐在桌子的前面，桌子由一块门板充当，右手拿着毛笔，左手拿着粽子，正在专心致志地翻译《共产党宣言》。柴房里，零乱地放着各种农具和生活物件，一条蓝色的棉被卷起，放在他背后的长凳上。我们可以想见当年陈望道翻译《共产党宣言》时的投入与专注，也可以想见当年条件的艰苦与不易。我当时想，陈望道可能想到了这本书能指导中国的实践，据说他最初的动机，就是想通过学习马克思主义来改变这个国家的制度。然而，陈望道可能一开始也没有想到这本书的威力如此之大，能够指导中国人民建成一个崭新的中国。我们边参观边听讲解，大家一直静

陈望道故居里还原陈望道翻译《共产党宣言》的场景

静地伫立，思考与品味着。我想，真理真的是甜的，因为真理引导人们走向光辉的未来，所以，它一定会给人们带来甜蜜的幸福。

我们走出柴房，继续在村里参观。我走进"望道邮局"，买了几只拨浪鼓和"鸡毛换糖"纪念品。这个邮局建在景区的必经之路上，据说每逢节假日这里人头攒动，参观与购物的人特别多。为了方便游客，邮局除了承接邮政业务，还设立了义乌土特产展销区。接着我们又到了麻糖手工作坊、"非遗"木刻版画工作室参观。义乌市盛产红糖，便有了著名的红糖麻花，我买了一些尝尝，果然味道与众不同。可以选购的还有红枣姜茶和当地的土酒，这些都是义乌市的特产，也是分水塘村的特产。店里各种产品琳琅满目，许多包装都很有创意。义乌人自古以来就会经商，最有代表性的是"鸡毛换糖"。随着义乌小商品市场的发展，当地人的商品意识进一步增强。从分水塘村都可以看出这里的人们借着陈望道的品牌，在发展红色旅游文创产品方面已经做了很多工作，成效也已经非常显著。

这次我到分水塘村，也更加深入地了解到，分水塘村能够承担如此重大的历史使命，与这个村深厚的文化底蕴是分不开的。耕读传家是这个村久远以来的民风。村庄的自然环境也具有得天独厚的一面。分水塘村后面有一座龙山岗，相传神龙自大峰山下来，伏于此地，神龙喷水济世形成分水塘。分水塘村因地处交通要道，历史上从不闭塞。清朝，村民们种植蓼蓝，用蓼蓝叶加工生产靛青，并将靛青贩运到无锡市等地出售，因此村里的经济情况总体上一直比较好。同时，崇学向善的民风让分水塘村书香满村。民国伊始，新学初兴，分水塘村就办起了新式学堂，送一批批有文化的青年走出山村。陈望道的祖父家也是种蓼蓝加工靛青的，陈家因此逐渐致富。陈望道的父亲决心培养子女认真读书，陈望道兄弟3人均为大学毕业，在当时是十分不易的。分水塘村也是一个具有革命精神的地方。抗日战争时期，这个村是中国共产党领导创建的金（华）义（乌）浦（江）兰（溪）抗日根据地中心区域，是抗日武装第八大队的主要活动地区之一。

中华人民共和国成立后的一段时间里，分水塘村相对落后了。村里只有一条泥路通往外界，坑坑洼洼的。村民外出全靠肩挑背扛和独轮车，村里的许多房子由于年久失修，成了危房，村容村貌也很破旧。改革开放以来，村里发生了巨大的变化，破烂危房都被拆了，取而代之的是宽阔、整齐的仿古老街——大天井老街。村民们还陆续建起了义新欧商品直销中心、名特优新农产品馆等，同时，村里的精神文明建设也大踏步地被推进。在党员干部的带领下，村里制订了各种规章制度，党员干部更是经常与村民们一起，清扫垃圾、打捞池塘漂浮物、清理小广告，建起花园与草坪，让村里的环境一天一天地变得更美。分水塘村也不愧为红色故乡，迅速地走上了美丽乡村的发展之路。近年来，当地党

村庄里宽阔整洁的街道

委、政府大力挖掘红色文化，发展红色旅游，以分水塘村陈望道故居为核心，借助独特的红色资源和美丽的山水景观，规划了总面积约24.2平方千米的望道信仰线。发掘红色文化线，提升绿色生态线，出台扶持政策推进产业植入，使得全长13千米的望道信仰线成了一条产业富民线。这条产业富民线吸引了全国各地的人们络绎不绝地来到分水塘村，学习陈望道的精神信仰，了解那一段历史，追寻革命的荣光。为了进一步提升旅游接待能力，满足游客的需求，分水塘村实施了宣言纪念馆、先塘田园综合体、引水工程、铜溪绿道、四合院改造、美丽庭院等项目，还办起了数家具有浓郁文化特色的民宿，餐饮业和农产品销售等也快速地发展起来。分水塘村红色旅游业的发展，吸引了不少年轻人返乡创业。陈望道故居旁的一家粽子体验店，就是一位"80后"创办的。他注册了"望道粽"商标，同时还开了一家民宿。他说，要把"望道粽"打造成有信仰的"文化粽"，把"望道粽"推出义乌市，走向全国。如今，"望道粽"成为前来分水塘村瞻仰陈望道故居的客人必选的伴手礼。我一听，就觉得年轻人创业总是不一样，有想法，也有办法。

今天，分水塘村正在建设成为一个集红色旅游、生态养生、休闲度假等功能于一体的文化旅游区，村民种植的瓜果蔬菜等农产品，不出村就可以售卖。现在每年到分水塘村的游客都在10万人次以上。随着村里的游客越来越多，村民的腰包也越来越鼓。分水塘村逐步成为全国红色宣言瞻仰圣地、爱国主义教育基地、红色旅游文化名村，被评为浙江省红色旅游示范基地、浙江省2A级旅游景区村庄。浙江省生态文化协会、浙江省林业局授予56家单位为"浙江省生态文化基地"，义乌市城西街道分水塘村名列其中。

分水塘村村民们写了自己的村歌《红土地　绿家园》，村民们深情地唱道："大峰山下龙山岗，龙山岗下分水塘，两股碧水走东西，四面青山抱村庄。家乡的山，家乡的水，六百年故事在流淌……"陈望道先生一定会为这样的家乡感到骄傲，也一定会对家乡的未来充满期待。

陈望道故居在红色文化主题的打造与红色旅游的发展上已经做得很好了，但是，当地的街道干部还是希望我提出些意见与建议。临离开分水塘村时，我提出以下这些建议供当地参考。陈望道故居的规划，要体现信仰、真理、担当、使命这样的主题和价值观，最重要的是把3篇文章做足。一是陈望道先生的文章。陈望道是一个很有故事的人，要加强对他的生平、事迹、贡献的研究与展示。二是《共产党宣言》的展示。《共产党宣言》于1848年2月21日在伦敦第一次以单行本问世。第一次全面系统地阐述了科学社会主义理论，指出共产主义运动将成为不可抗拒的历史潮流。《共产党宣言》诞生以来的170多年，影响着一代又一代人去追求真理，为美好的未来而奋斗。《共产党宣言》是共产党人的启蒙读物，中国共产党人无不受这本书的深刻影响。作为中国第一本《共产党宣言》的翻译地，陈望道故居可以展示世界不同版本的《共产党宣言》，陈列《共产党宣言》对世界的影响与贡献，也可以摘录一些《共产党宣言》中的警句教育人们、引导人们。三是把周边人文环境的文章做足。义乌市是一个文化底蕴很深厚的地方，历史上曾出过"初唐四杰"之一骆宾王、宋代名将宗泽、金元四大名医之一朱丹溪以及陈望道、文艺理论家冯雪峰、历史学家吴晗等历史名人。改革开放以来，义乌市更是誉满全球，是全球最大的小商品集散中心，被联合国、世界银行等国际权威机构确定为世界第一大市场。陈望道故居分水塘村也是一个古村落，可以与周边的长堰湖、宋濂讲过学的寿利寺等的开发结合起来。这3篇文章做好了，陈望道故居的内涵就更加丰富多彩了。

　　打造陈望道故居，要做到修旧如旧，甚至修新如旧，要尽量保留当年陈望道先生小时候的生活场景，多保留一些乡愁。故居的功能定位要把握好，要以瞻仰、研学、展示为主要功能。研究与挖掘好陈望道的精神内涵与生平贡献，为有深度与广度的展示提供坚实的学术基础。宣传推介工作要跟上，相应的产品可以开发出来，如"望道粽"就是很好的一个品牌，可以做成很好的旅游产品。总之，我期待着下次再来，期待《共产党宣言》的翻译地会有光辉的未来。

浙江省最早的茶叶市场所在的村庄
——金华市磐安县玉山镇马塘村

村庄名片： 金华市磐安县玉山镇马塘村位于大盘山北麓的玉山台地，海拔约520米，离磐安县城约50千米。村庄地势平坦，交通便捷，磐仙线、怀万线沿村而过。村庄历史文化底蕴十分深厚，有中国现存唯一的古代茶叶交易市场遗址、全国重点文物保护单位——玉山古茶场和国家级非物质文化遗产——赶茶场。全村现有农户241户657人，以周姓为主，耕地总面积约547亩（其中水田约366亩，旱地约181亩），山林总面积约1911亩，茶叶种植总面积约757亩，农产品以茶叶、茭白为主。村庄以玉山古茶场闻名，被评为浙江省文化示范村。

我在浙江省委宣传部工作时，磐安县是省委宣传部的联系点，所以我多次去过磐安县。磐安县，位于浙江省中部，全县高峰林立，嶂壁连绵，古树奇木密布，飞瀑、险岩、深潭、怪石随处可见，连绵的大山中散落着近千个古老的自然村落，民风淳朴，民俗古老而奇特。因为我多次去磐安县，所以自然地也会去马塘村逛逛。在古代，玉山镇是三州古道，马塘村则位于三州古道路网的中心。马塘村有"上控金衢、下延台温"之称，演绎了"商贾云集，车马如织"的繁华。所以历史上这个

村中的一棵古木

地方是交通要道和商贸兴旺之地。

马塘村最引人注目的是村东南角池塘里一匹马的雕塑，神马高高立起双腿，仿佛要长啸而去。当地人说这代表着马塘村的由来。村民告诉我们，一匹神马飞进玉山镇停在茶峰尖，马头伸向池塘里饮水。饮水毕，神马飞去，至今茶峰尖上仍留有马蹄痕迹，后人即称此岩为马蹄岩，神马饮水之塘就叫马塘。淳熙元年（1174），理学开山祖师周敦颐的后裔——周氏始祖荣泗公由吴宁迁至玉峰马塘（原居村北张家店，后因火灾移居到现住地）。荣泗公秉承乃祖遗风，深谙《太极图说》，擅规划布局，刚迁至马塘村时，他见马塘村无溪无河，生产生活用水均取自村中星罗棋布的池塘，就将马塘村依星位布局设计，按左青龙（东美女山）、右白虎（西美女山）、前朱雀（玉山）、后玄武（后塘山）的四象来定分野，规划1500多亩地来建设村庄。并新开池塘28口，按28星宿排列布局，开井8口，以确保全村生产、生活、防火之需求。自此以来，周氏世代绵延，形成了今天的马塘村。

马塘村文化底蕴极为深厚，古民居建筑特色明显，大都为明清建筑，呈现出鲜明的婺州山地风格，如周氏宗祠、马塘厅、周尚故居等。马塘村最知名的是全国重点文物保护单位玉山古茶场、国家级非物质文化遗产赶茶场。玉山古茶场是磐安县仅有的两处全国重点文物保护单位之一，到马塘村的人，大多都是冲着这个古茶场来的，我也是如此。

那天下午，我在当地人的陪同下走进村庄，远远就看到一片规模很大的徽派建筑，设计得非常讲究，充分传达了儒家的美学思想，体现了人与自然的共生交融。山水、田园，融为一体；自然、人文，交相辉映，同时，设计师还进行了艺术化表达，让人感到此建筑很有品位，从不同的角度拍摄都是好作品。古茶场的建筑风格与马塘村的整体建筑风格是完全一致的。我们走到古茶场门口，见立着一块石碑，上面写着"全国重点文物保护单位——玉山古茶场，中华人民共和国国务院二〇〇六年五月二十五日公布，浙江省人民政府立"。走进茶场，首先看到《序言》，说：磐安县地处浙江省中部，山高水远，潭深瀑奇，苍松怪石，云峰雾谷，空气清新，土壤肥沃，正是"山清水秀茶天堂"。《序言》中还说：据载，从晋代起，磐安县就已种茶、制茶、饮茶；至唐代，磐安县所产"婺州东白"为贡品；宋代，玉山为江南地区制作和购销贡茶的一个重要场所；明代之后，磐安茶叶通过古茶道送往各贸易港口，漂洋过海。在岁月的长河里，玉山古茶场见证着磐安县的茶历史，成为中国茶业发展史上独一无二的"活化石"。

我们在茶场内仔细地参观。这个茶场都是两层楼的房子，砖块砌的墙，另外用的材料全是木头，许多木柱子支撑着这个庞大的建筑。墙上用文字或图画介绍着茶场的来历、规模、发展历程。从中我们可以了解到，茶场初建于宋，现存建筑为清乾隆辛丑年（1781）重修，主要包括茶场庙、茶场管理用房、茶场3大部分，占地约3430平方米，建筑面积约1559.57平方米。现存建筑中管理用房还保留有"谕禁白术洋价、粮价洋价"等清代石碑。古茶场在建筑空间上，总体上给人最直观的印象是一个四四方方的院子。实际上是由"两进、两井、一门楼"组成。前后两进房子均为五开间，中间的3间为厅堂，现在摆着一些桌椅板凳，供人们休息，我们也在这里坐下来，品味了当地的名茶。两侧为厢房。厅堂和厢房共有14榀柱子，围成了一个大四合院，即大天井。天井里的地面铺着鹅卵石，由于岁月久远，已经坑坑洼洼，石缝中的小草，倔强地生长着。所有的建筑均为二层楼房，形式为走马楼，楼梯上去，地是用木板铺的。楼上临天井四面都是相通的走廊，以便客商往来。楼下

磐安县玉山古茶场文保所

古茶场四四方方的院子

古茶场是一幢由木头建造的两层楼建筑

按照市场交易的功能设为固定摊位及自由交易摊位。大天井里原本有一个飞檐翘角的戏台，当地人说，上有雕龙画凤、葫芦定风叉等，精美细致，堪称这里的经典建筑。岁月沧桑，目前只留下几根石柱，我建议当地将这些石柱立起来，构成一个破损的但是可以想象的戏台，供人们遐想。从中间一进两侧的简易楼梯拾级而上，楼上便是古时观戏的贵宾台。台中有一张旧桌，桌旁放置着一只仿古的茶缸，上有茶叶文饰，腹部还有"周顺德记"4字，可见茶缸主人家底颇丰。古时候，在这台子上，当人们开展"斗茶""猜茶谜"等游戏时，少不了这种茶缸。

关于玉山茶，是很有故事的。据记载，晋时玉山茶农，由于山高路远、交通不便，生活比较艰辛，过着"半年种茶，半年挑盐，无米过年"的生活，若发生天灾人祸，茶叶销路受阻，生活就更加难以为继。著名道士许逊为传播道教文化游历玉山，喝到当地醇香无比的山茶时赞叹不已，他还看到当地满山遍野的茶树，但是茶农却因茶叶堆积成山卖不出去而愁容满面。他与茶农一起研究、改进加工工艺，制成"婺州东白"，接着派道徒带上"婺州东白"四处施茶，送到各个道观请人品茶。茶叶得到各方赞誉，好评如潮。后"茶圣"陆羽所著的《茶经》云："产茶者十三省四十二州，婺州东白者为名茶，大盘山、东白山产者佳，列为贡品。"从此，四方茶商纷纷前来收购，玉山茶场渐渐成为"婺州东白"的集散地，成为一个重要的茶叶集市。到了宋朝，玉山茶农为了纪念许逊打造"婺州东白"和茶叶市场的功绩，尊奉许逊为"真君大帝"，在茶场山之麓建造茶场庙，塑像朝拜，并在茶场庙附近设置茶场。现在的茶场庙，为明朝遗存建筑，主脊檐饰有双龙图案，主脊檐、二脊檐上下都刻绘着石灰雕与壁画。大门上方是周昌霁手书的"茶场庙"石匾。庙为三开间，穿斗式和抬梁式混合结构，庙内供奉着许逊。从此玉山古茶场成为榷茶之地，历代设官监之，以进御命，称之为"茶纲"。明朝，官府在玉山古茶场设立"巡检司"，对茶场实施管理。茶叶等级分为"贡茶""文人茶""马路茶"等，并产生了诸如"分茶""斗茶"等趣味性的品、鉴、观茶游戏，还评选生产茶叶质量最好的茶农为茶博士。清中期，朝廷委派东阳县衙对玉山古茶场进行管理，在茶场内置放 "奉谕禁茶叶洋价称头碑""奉谕禁白术洋价称头碑""奉谕禁粮价称头碑"等古碑。

玉山古茶场是一处古代"市场"的实物遗存，精美木雕、砖雕、石雕、彩绘及壁画都具有相当的艺术价值。玉山茶农为纪念许逊研制"婺州东白"的功绩，建庙供奉，香火延续至今。在我国，这种茶场与茶场庙一同保存下来的实例甚少，是研究古代制茶、售茶管理制度和茶文化内涵的重要实物史料，对研究宋朝的社会经济发展和地方文化特色具有重要意义。正如国家文物局古建筑专家组组长在详细考察古茶场后指出

茶场庙

的："这种古代市场功能性建筑在国内实属罕见，堪称茶业发展史上的
'活化石'，与古茶场密不可分的一系列茶文化令人称奇，填补了我国
'文保'史上的茶文化空白。'三大碑'说明玉山古茶场除季节性茶叶
交易外，平时还有白术、粮食等商品自由交易，反映了综合市场的特
性，同时见证了山区经济发展的轨迹。"

今天的浙江省是一个商品市场大省，而玉山古茶场，可以说是浙江
省市场的"祖师爷"。市场经济的发展离不开市场的发展与壮大。浙江
省的市场经济就是随着市场的发展而发展的。市场促进贸易并促成社
会的资源分配与产品分配。2018年，浙江全省各类商品市场数量达3759
家，市场成交总额约2.19万亿元。中国商品市场综合百强榜单中，浙江
省市场上榜35家，领跑全国。其中，义乌市中国小商品城自1991年起，
年成交额连续27年蝉联中国专业市场冠军。浙江省商品市场的发展史可
以追溯到1000多年以前创办的玉山古茶场。

　　玉山古茶场不仅具有市场经济的意义，而且在茶场的发展历史中，还创造了许多物质文化与非物质文化。磐安县赶茶场以"茶神"许逊的传说和对许逊的崇拜为基础，最早开始于唐朝，后来经过宋、元、明、清，一直到当代，不断地发展和传承。每年春茶开摘，茶农奉上第一株新茶，先祭茶神；秋收后，茶农便来拜谢茶神，于是便形成了两个以茶叶等物质交易、茶文化、民俗文化表演为中心，影响巨大的传统庙会——春社和秋社。到时候，当地茶农来到茶场，祭拜茶神，并在茶场内举行观社戏、挂灯笼、迎龙灯、竖大旗等民俗文化活动，其中最为著名的是"迎龙虎大旗"，这是茶场庙会标志性的民间艺术项目，也是国内独有的群体性传统民间竞技活动。"迎龙虎大旗"盛于元明，一为纪念真君大帝许逊，二为祈求来年五谷丰登、百业兴旺。所迎的旗原来不大，后来越变越大，以示隆重，习俗流传至今有800多年的历史。《磐安县志》载："农历十月十六日，从各村来的大旗均竖于茶场庙前田畈中，主竿1根，撑竿60根，旗索8条。主竿分上下两段，下段为一大杉木，长2丈7尺，上段为一特大毛竹，竹竿套在木杆之梢，衔接处用9个铁箍紧扣。60根撑竿系于套接之处，似伞架。主竿顶端装旗头，旗头高2.5米，直径1米，形如葫芦，饰以流苏。旗头下系麻绳8根，备竖旗时用。旗面套在主竿上段竹竿上，用绸300丈做成，上绘龙虎凤花鸟，边饰翠布。旗杆下端有'井'字形脚架，供迎旗时扛抬。参加迎旗者称'旗脚'，需120个壮汉。"

　　这一年的农历十月十六日，又到了一年一度赶茶场的时候，古茶场又一次成了欢乐的海洋。台州市6个乡镇的茶农以及来自杭州市、宁波市、金华市、绍兴市等地的游客纷纷聚集到古茶场，只为欣赏这一年一度的精彩大戏。这天上午，上万名茶农和游客观看了迎大旗表演。岭干村的母旗竖起来之后，来自尚湖镇岭干村、九和乡三水潭村和尖山镇里光洋村的3面龙虎大旗也在100多名壮汉的努力下被竖立起来。

这天要竖起来的龙虎大旗重约40公斤，长和宽分别为25米和18米，竖大旗必须由100多名壮汉共同完成。旗杆顶部有4人，中间站了10多个人，剩下的人站在旗杆的末端，有的负责抓住绑在主旗杆顶部和中部用来稳定方向的绳索，有的负责抓住支旗杆及平衡杠杆。一阵锣鼓声紧密地响了起来，100多名壮汉如冲锋上阵的战士，把中间的主旗杆往上顶，而拉绳索的人左奔右跑，调整大旗的方向……只在两三分钟内，大旗笔直地竖了起来。32根支旗杆呈发散状分布在主旗杆的周围。茶场庙旁空旷的广场上，龙虎大旗高高屹立，迎风飘扬，数百平方米的龙虎大旗猎猎作响，大旗上的龙和老虎八面威风。伴随着每一次壮汉的呐喊、每一次旗杆的高耸，周围观众欢声雷动。人们驻足观看，无不欢欣鼓舞。人们兴奋地拿起手机、相机、摄像机抓拍不停。据说最多的一年，赶茶场期间共有36面大旗参迎。迎大旗活动极具艺术欣赏、历史研究、精神激励等价值，体现了中华民族团结拼搏、坚韧不拔、百折不挠、勇往直前的精神。

今天，马塘村人越来越认识到古茶场的文化价值，以一种强烈的责任感和使命感保护、弘扬传统历史文化。近几年来，马塘村围绕古茶场保护与开发，以争创秀美乡村、历史文化名村与国家级卫生村为目标，严格按照玉山古茶场保护规划的要求，借古茶场的文化保护理念与影响力，每年都投入专项保护经费对周氏宗祠、周尚故居、花厅等历史古建筑进行保护修缮；整修古民居，完善排污排水、增设卫生湿地处理等卫生配套设施；切实保护石头墙、黑瓦等古风貌；传承三州古道的历史风格，用乌石或鹅卵石铺设村道。同时，马塘村对古茶场前公路两侧的民房进行风貌协调整治，建设200间仿古建筑立面（二层楼、马头墙），形成茶文化古街道，将国家级文物保护单位——玉山古茶场与周尚故居、周氏宗祠、花厅等有价值的历史建筑联系起来，形成文化遗产观光和非物质文化遗产体验相结合的体系。在建设茶文化古街道的同时，马塘村已发展了5家农家乐，初步形成了农家乐特色村。这些举措大大地改善了村容村貌，马塘村的秀美乡村建设取得了明显成效，村庄的文化品位得到很大的提升。

村歌让人泪流满面的村庄
——衢州市江山市大陈村

村庄名片：大陈村位于江山市北部，南距市区约10千米，三面环山，回龙溪似玉带从村中穿过，田地肥美，山川秀丽。村落依山就势呈带状分布。大陈村历史悠久、人杰地灵、文化底蕴深厚，有600多年历史，被近代著名史学家、书画家余绍宋（樾园）誉为"十里环山皆松树，天下应无第二园"。大陈村辖7个村民小组，有458户1376人。村庄入选全国十大最美乡村、全国文明村镇、全国生态文化村、全国美丽宜居村庄、全国宣传思想文化工作示范村、首批全国乡村旅游重点村、国家森林乡村，浙江省3A级景区村庄、浙江省休闲旅游示范村、浙江省农村基层党风廉政建设示范村、浙江省文明村、浙江省文化示范村，还获得"全国村歌示范基地""中国村歌发祥地"等荣誉称号。

我多次去过江山市的大陈村，对这个古村落留下了极为深刻的印象。大陈村为徽州汪氏后裔聚居地，村中居民80%姓汪。这个村山环水漾，林木葱郁，粉墙黛瓦，古色古香。祠堂、楼阁、民宅等依山造势的以徽派建筑为特色的古建筑鳞次栉比、搭配有致。由青石板路构成的20条街巷，逶迤曲折，连接着55座明末清初的古建筑。汪氏宗祠、文昌阁被列为浙江省文物保护单位，19处古民居建筑被列为江山市文物保护单位。我到大陈村，都是在村党支部书记汪衍君的陪同下参观考察的，我们两人后来还在各种活动中遇到，我与他成了好朋友。以至于一提起大陈村，我首先想到的不是村庄，而是汪衍君。而提起汪衍君，我首先想到的是在各种场合听汪衍君唱那首《妈妈的那碗大陈面》，每次我都看到泪花在他的眼眶里打转，每次我也总是听得泪流满面。

我第一次听这首歌，是在大陈村的汪氏宗祠里。那次全村在家的人差不多都来了，数百人聚集在宗祠里，一起唱《妈妈的那碗大陈面》，这个场面至今令我难以忘怀。学过婺剧的汪衍君，手持无线话筒，声情并茂地演唱这首让人泪满衣襟的歌——《妈妈的那碗大陈面》："轻轻地在风中翻转，香香地在碗中盘旋；美美地和着我们欢笑，那芳香诱人的大陈面。遥远地从徽州迁来，落户在大陈的山间。祖宗殷殷的叮咛和嘱托，就像这浓浓的大陈面。"伴随着歌声，几个农家妇女，手托象征着细长面条的丝线鱼贯而出。一个穿着大红对襟绣花袄、满头银发的大妈，端着一只青瓷大碗款款地走了出来。汪衍君边唱边走，到了银发大妈面前，他双膝跪地，手捧大妈交给他的大碗。歌声越来越催人泪下："妈妈的慈爱游子的祝愿，浓缩进芳香可口的大陈面。不管我们走得多么远，故乡永远在我们的心间。妈妈的那碗大陈面，伴随着我们一年又一年；不管我们走得多么远，故乡永远在我们的心间。"数百名村民，伴着汪衍君的歌声，高高扬起双手一起摇动，犹如江河翻腾。此时突然下起毛毛雨，村民们仍然非常投入地看着演出，没有一个人随意走动。当地人给我拿来一把雨伞，我谢绝了，与村民们一起在风雨中聆听这首歌，更有一种难得的感动与温暖的体验。

汪衍君曾经说："大家都知道我爱唱这首歌，说句心里话，真的没

村庄鸟瞰图（沈天法摄）

几个人懂得我唱这首歌时的心情。每当我唱起这首歌的时候,我的眼前就会出现'见面有子'的场景,就像闻到了母亲做的那碗面条的香味,那香味很浓、很特别……"

《妈妈的那碗大陈面》讲的是一个从《汪氏家谱》里找到的凄美故事。传说明朝永乐年间(1403—1424),大陈有个郎中叫汪洪文,不仅医术高超,而且乐善好施,给穷人看病,不但不收钱,还送药。一次意外让他中年丧妻,留下一个孩子汪普贤,父子俩相依为命。后来父亲再娶,继母待汪普贤视同己出,但是汪普贤很不喜欢继母,不管继母做什么他都看不惯。一日他留下一封书信便出走了,一走就是很多年。后来汪普贤偶然遇到家乡的人,交谈中听说他父亲病故了,让他悲痛欲绝。他收拾好行装,急匆匆赶回大陈村。到家刚坐下就闻到了一阵特别的香味,那是生母在世时才有的面香。随后,一碗热腾腾的面送到了他面前。他用筷子一拨,发现面条下卧着荷包蛋。这是见"面"有"子"之意啊!蛋,当地人称"子"。汪普贤幡然醒悟:生母、继母,皆是慈母的味道!他连忙放下面碗,跪拜在继母面前。原来,汪普贤出走后,继母让丈夫口述前妻做面之术,日复一日不断尝试,直至做出同样香味的面条。每年汪普贤生日那天,她都要做一碗卧着鸡蛋的鲜面放在餐桌上等着儿子回家。从吃到这一碗面开始,汪普贤一直孝敬继母,为她养老送终。

一首村歌记录着久远的乡村回忆,表达了很多人的思乡情愫。我相信每一个游子都会被这首《妈妈的那碗大陈面》打动。汪衍君每次唱起这首歌都会流泪,这让我想起了艾青的诗句:"为什么我的眼里常含泪水?因为我对这土地爱得深沉。"相信这就是汪衍君的心情写照。果然,在大陈村展示馆里就写着艾青的这句诗。大陈面,制作工艺已传承

汪书记演唱《妈妈的那碗大陈面》（沈天法摄）

500多年，具有"久煮不烩，隔夜不黏"的特性，那是因为它是妈妈用心揉出来的。汪衍君将这首歌唱到了"激情新农村，幸福新农民"首届全国村歌大赛上，并让它从2800多首村歌中脱颖而出，成为"中国村歌十大金曲"之一。

我第一次听这首歌，就同汪衍君谈，是否可以把《妈妈的那碗大陈面》做成产业，在大陈村先开面馆，店名就叫"妈妈的大陈面"，并生产以"妈妈的大陈面"为品牌的面条，向外销售，也可以在全国各地开连锁店。据说，全国的面条有2000多种，面条是最具乡愁味的食品，店里可以循环播放《妈妈的那碗大陈面》。听了这首突出妈妈慈爱的歌，顾客心中的亲情一定会被点燃，面馆的生意一定会火爆。汪衍君点头称是。

汪衍君是一个把自己与大陈村紧紧联系在一起的人。2005年，从部队退伍回来的汪衍君已经创业，做过生意，赚钱不少，正筹划在杭州市购房。这时乡亲们找上门，诉说大陈村正在衰落，村集体经济负债累累，多年信访不断，各种问题错综复杂，因土地问题还被中央电视台《焦点访谈》栏目曝光过。乡亲们希望见过世面的汪衍君能回村带领大伙一起干，恢复大陈村往日的辉煌。汪衍君听了很感动，他说："做人不能忘了祖宗，忘了根。我是个穿过军装的党员，党组织关系还在村里，我要尽自己的一份责任。"汪衍君回到大陈村，以高票当选为村党支部书记。

当时的大陈村真的很困难，村集体经济亏空60多万元。汪衍君走在村里，看到部分古民居都已濒临倒塌。农户在屋前屋后，养鸡养猪，污水横溢，臭气熏天。汪衍君看在眼里，急在心上。他一上任，先从搞卫生抓起。古人说，一屋不扫，何以扫天下？汪衍君认为治理村庄也是这个道理，到处脏得让人落不下脚，这个村还有什么希望，老百姓还有什么盼头？汪衍君带领村干部，治村从扫地抓起，提出"地面干净才能走得进来，桌面干净才能坐得下来，灶面干净才能吃得下去，脸面干净才能走得出去"的"四面洁净"文化。大陈村开展"清洁家园"行动，村干部带头扫，发动党员接力扫，鼓励村民跟着扫。打扫干净容易，但保洁很难。汪衍君把保洁看得很重，把地上的一个香烟头都看成自己眼里的一粒沙子。一天，一个村民手握甘蔗，边走边吃，边吃边吐，一口一口的甘蔗渣落在身后。汪衍君就跟在后面，村民吐一口，他弯腰捡一次。走了几十米远，村民一转身，发现汪衍君的两只手都捧着甘蔗渣，脸"唰"地红了。汪衍君笑了笑说："这甘蔗很甜吗？"村民忸怩不安，连忙说："书记，我向你保证，今后再也不乱吐了。"当然，光靠捡是不够的。大陈村建立了长效保洁机制，门前三包、庭院绿化、室内卫生、垃圾分类、家禽饲养等都细化评分，定期让村民相互评分，如灶台、厕所干净的各得2分，庭院绿化、家禽圈养合格的各得1分，每家每户的得分，每月张榜公布，荣辱分明。从此，大陈村成了远近闻名的"清洁村"。有一位离乡多年的乡贤回家探亲，看到村党支部书记弯腰捡烟头，特别感动，当即给村里捐了5000元。清洁垃圾保持村庄整洁，这一招的确管用，村民的荣誉感都被激发了出来，上到七八十岁的老人，下到几岁的小孩，都知道要做到"脸面、灶面、桌面、地面""四面"干净。大陈村焕然一新，全市的农村环境整治现场会在大陈村召开，大陈村党支部被江山市委评为2005年度先进基层党组织。

汪衍君意识到，村虽然扫干净了，但人心的干净比环境的干净更重要，于是便动起了那座有300多年历史的汪氏宗祠的主意。汪氏宗祠始建于康熙五十三年（1714），重建于同治二年（1863），经数次修葺、扩建，发展到今天占地面积约1100平方米，共有三进、二天井、五开间，一进更比一进高，意为步步高升。这座祠堂，在岁月的变迁中已经变得破旧不堪。汪衍君想修复这座祠堂，让它重新成为大陈村人的精神家园。但是，一个集体经济十分薄弱的村，没有钱怎么办？汪衍君熬心

大陈村汪氏宗祠

费力，搜集了整套34本《汪氏家谱》，还请专家挖出了深藏其中的文化价值。他开始不断地找省市文化部门的领导，反复说明大陈村汪氏宗祠是一座古建筑，蕴藏着许多的历史记忆，更是大陈村人的灵魂与精神寄托，如果倒了，垮掉的不仅仅是一座房子，更是大陈村传统文化的根。最终，汪氏宗祠被成功列为浙江省文物保护单位，并获得了109万元的修缮款。汪衍君信心倍增，后来大陈村入选浙江省第四批历史文化名村名单，获得配套项目资金300多万元。成功争取到项目资金后，村干部和村民的积极性空前高涨，以前所未有的热情投入宗祠的修缮工作中。修缮后的汪氏宗祠，重新焕发了往日的荣光。徽派建筑，坐西朝东，石柱、石阶细洁光滑，石雕、木雕工艺精湛，两厢房墙上壁画精致华美，

修缮后的汪氏宗祠（沈天法摄）

牛腿雕版美轮美奂，檐牙高啄，脊瓦如鳞，充分体现了匠人高超的技艺。更重要的是，大陈村村民在这里找回了乡愁，更找回了建设家园的信心与希望。

汪衍君搞文化尝到了甜头。他想：要是大陈村有自己的村歌，肯定能激发村民的爱村热情，一定要打造大陈村的文化品牌。于是，他请江山籍的文化人何蔚萍为大陈村写首村歌，又请江山籍的作曲家陈宏君为村歌作曲，大陈村的村歌《大陈，一个充满书香的地方》就这样诞生了。

歌中唱道："踩着青石的小径，穿过碧绿的荷塘。我们听到书声依然响起，在萃文书院的那个地方。那座古老的祠堂，承载过多少人的梦想。这是个历史悠久的村庄，更是培育英才的学堂。多少学子从四方走来，多少儿女又奔往他乡。每当庆功的喜报传回故乡，耳旁会听见上课的钟声当当敲响。就这样春夏秋冬，书声琅琅，就这样人才辈出，充满希望……"这是大陈村的第一首村歌。这首歌的传唱，引来了首届全国村歌之星演唱活动第一站在江山市举行，后来它还获得了"全国村歌十佳作词奖"。

光有村歌，汪衍君觉得还不过瘾，又请何蔚萍为大陈村创作了《妈妈的那碗大陈面》。2010年，汪衍君带领全体村民代表，将大陈村村歌《妈妈的那碗大陈面》唱到了北京，登上中央电视台全国村歌大赛总决赛的舞台，一唱成名，大陈村被评为"中国村歌发祥地"，汪衍君也被人们称为"村歌书记""面条书记"。村歌还真成就了大陈村，2010年催生了"大陈面"加工厂，日产约15吨的生产线投产，订单不断，一年销量就高达2000—3000吨。漂亮的包装盒上印着《妈妈的那碗大陈面》的词

曲，"大陈面"畅销到哪里，村歌就传唱到哪里。

唱歌是汪衍君的特长爱好，他更是把唱歌作为管理村庄、发展村庄的重要方法。村里开会，他时常来一首歌。唱歌既是奖又是罚，谁开会迟到了，汪衍君不直接批评，而是罚其唱歌一首。谁家有了喜事，他带头唱歌祝贺。慢慢地，老老少少，人人都会唱村歌。村里歌声多了，笑脸多了，村民关系也更加融洽了。当地的干部、群众反映，"村歌响、麻将息，舞蹈起、争吵止"，村民的生活丰富了，村民的干劲也唱出来了。汪衍君说："没有村歌唱响，没人知道有个大陈村，人家也不会来光顾大陈村。大陈村的村歌还要唱得更响亮，村民的日子也会更加富裕快乐。"汪衍君用村歌凝聚人心。治村关键要抓住人心，这是硬道理。大陈村村歌寓教于乐，集思想性、艺术性、群众性于一体，是村民们从心底流淌出来的歌声，具有春风化雨、润物无声的特点，比一般的说教

祠堂内的交响乐（沈天法摄）

更容易为群众所接受。实践证明，村歌是乡村精神的象征，是群众喜闻乐见的形式，可以做成农村标志性的文化符号。大陈村人不仅仅唱村歌，还组建了大陈农民艺术团，有唢呐班、腰鼓队、排舞团……大陈村几乎成了音乐之乡。

2017年11月16日，浙江省美丽乡村和农村精神文明建设现场会在江山市召开，大陈村迎来了来自省直属单位以及全省各县（市、区）的代表。汪衍君和他的村民，不仅用《妈妈的那碗大陈面》唱落了代表们的眼泪，更用一个精神文明与美丽乡村完美结合的村庄，给代表们留下了难忘的印象。

借助村歌带来的热度，大陈村打起了"文化助推经济发展"的牌。将古村自然历史景观及大陈面、麻糍、村歌等特色产品及背后的美丽传说、历史典故加以整理，编印成册进行传播。挖掘和利用古村、古祠、古巷道、仿古民宿、传统婚房等，举办传统中式婚庆民俗展示，承办传统中式婚礼。通过举办大陈麻糍文化节，展示大陈麻糍、大陈面等特产的制作工艺，发展以传承"非遗"、品尝美食小吃、听大陈故事为特色的旅游产业。大陈村还开发"大陈村"农产品，建特色小吃街，拓展村落旅游，另外还通过组织拍摄微电影、举办书画摄影大赛、开展文化走亲等活动营造文化氛围，推介大陈村。大陈村充分利用古村落原生态的景观风貌和丰厚的文化底蕴，成立美术写生基地、摄影基地、书画创作基地、影视拍摄基地等，打造"艺术大陈"的品牌。汪氏宗祠也成了大陈村人集体演唱村歌的"剧院"，一年要演唱70多场，这里也成了来参观旅游的人的必到之地。大陈村人用村歌唱出了经济社会发展的好势头。村集体收入增加了，农民人均收入也随之增加了。大陈村被评为中国幸福乡村、国家森林乡村，入选全国十大最美乡村、首批全国乡村旅游重点村名单等。

近年来，大陈村不断把村歌里描绘的美好景象变成现实，按照"发展绿色经济，建设生态大陈"的总体思路，推出了统一品牌"大陈有礼"，加快发展杨梅采摘、荷花观赏、大陈面制作等农旅结合产业，使大陈村集体和村民致富门道不断拓展。大陈村成立了旅游公司和电商公司，改造了养生精品酒店，开设了各具特色的小吃作坊和民宿。村里办起了美食街、农贸市场、青年旅舍、一味书屋、萃文中学楼、村研学场馆、汪氏名贤馆、中国工农红军抗日先遣队纪念馆等。大陈村已成为3A级旅游景点，走出了一条产村人文融合发展的乡村振兴新路子。

曾任江山市委书记的陈锦标，蹲点大陈村后对村民说："农村文化可以概括为3个阶段，第1个阶段是送文化，就是送文化下乡；第2个阶段是种文化，让文化在农村扎根生长；第3个阶段是秀文化，农民向城市输送文化。你们把村歌唱到了大城市，就是第3个阶段，这是大陈村的自信，更是农村文化的自信。"近年来，小山村似乎已锁不住歌声。汪衍君携村民"演员"，踏进西湖文化广场、浙江省人民大会堂、北京卫视、央视，让大陈村的美名随着美妙的歌声飘向远方。

最近，在汪衍君的策划下，大陈村正在编排沉浸式村歌剧《大陈见面》。歌剧传达了"愿天下儿女以父母为尊"的道理，由大陈村村民出演。该剧体现的是国风之本在家风，家风之本在孝道。孝，是为人子女的义务本分，只有在尽孝中，我们才能知晓恩情的宝贵，懂得责任的重要，感佩担当的真诚。感恩、责任、担当，孝所蕴藏的要素，不仅是一个人正心、修身、齐家的行事依据，更是社会和谐所赖以维系的价值之核。家是最小国，国是千万家。让"孝"体现为大孝、大爱、大义，为孝道美德注入了丰富内容和新的活力。该歌剧分

江山市文化礼堂·村歌演唱会在浙江省人民大会堂演出

为：序，几度梦回；第一场，悲欣交集；第二场，万念俱灰；第三场，清湖码头；第四场，大陈见面；尾声，愿天下儿女。虽然我只看了剧照，但已经对之充满了期待。

大陈村从2014年开始，每隔一年的大年初一，都组织全体村民拍一张可能是世界上出镜人数最多的集体照——"全村福"，现在拍照是很平常的事，但是在大陈村人眼里，这张"全村福"弥足珍贵，对之津津乐道。2014年，拍第一张全村福时来了800多人，后来一年更比一年多，最近一次来了1300多人。大年初一上午，村民们早早起床，精心梳妆打扮一番。全村人扶老携幼，相伴而行，兴高采烈地涌向村歌广场。有的人尽管生病住院了，但只要走得动，也一定坚持来拍照。一些在外经商、务工的本村人和乡贤，更是不远千里万里，回到大陈村，参加这大陈村人两年一度的盛典。"一个村是不是和谐？是不是有向心力？一张全村福就能找到答案。"汪衍君如是说，这绝不是一张简单的合影，它承载着一片乡愁情怀，让在外的游子有一种归属感。有常年在外经商的大陈村人，就是因为回乡拍摄了全村福，便萌生了回乡创业的念头。有一位乡贤就是在拍照后投资了约6000万元，创办了集"亲子游乐、水果采摘、高端民宿、户外体验"于一体的"田园里·大陈休闲农庄"项目。当全村人依次站好，汪衍君总要来一段演讲，让全村人欢欣鼓舞、热血沸腾。然后，在全村人齐声高喊"新年好"的热烈氛围中，摄影师将村民们的幸福笑容定格。

像星星闪耀在钱塘江源头的村庄

——衢州市开化县华埠镇金星村

村庄名片： 金星村位于衢州市开化县华埠镇东北约3千米处，全村共有5个自然村，村里现有396户1303人。水田约675亩，山林总面积约10067亩，林木蓄积量约3.57万立方米。该村被评为全国绿化造林千佳村、国家森林乡村，浙江省首批小康建设示范村、省级"山区生态优化平衡村"试点村、省级文明村、浙江省老年养生旅游示范基地。金星村党支部被评为浙江省先进基层党组织。

我对金星村有一种浓浓的情怀与记忆。2006年8月16日，时任浙江省委书记的习近平同志到金星村考察。我作为浙江省委组织部分管基层工作的副部长，跟随习近平同志来到金星村。那一天阳光特别明媚，习近平同志兴致勃勃地走在村里，十分高兴地说："这个村很美。依山傍水，绿化很好，美化也很好。你们这个村大有希望，在全省也是有特点的。"他嘱托金星村村民："新农村建设一定要把经济搞上去，为群众办实事。人人有事做，家家有收入，这就是新农村。"村民刘秀兰家里挂着3任浙江省委书记到她家的照片，我很荣幸，因为我是唯一在2张照片中都出现的人。习近平同志为什么会去金星村？这要从他提出的"千村示范、万村整治"工程说起。

　　曾经的金星村，并不像它的名字一样耀眼。这里交通不便、山多地少、经济落后，村民大多靠外出打工赚钱养家。村庄基础设施建设很落后，"晴天一身土，下雨两脚泥，一双雨鞋穿四季"，露天厕所臭气熏天，垃圾随处可见。金星村的这种现象，在当时的浙江省还比较普遍。据21世纪初浙江省农业和农村工作办公室摸排，全省约4000个村庄环境比较好，3万多个村庄环境比较差。许多村经济不发展，农民收入来源缺门道，集体经济无收入。2002年底，习近平同志调任浙江省后，就马不停蹄开启调研行程。2003年6月，在深入调研的基础上，习近平同志提出要以改善农村生产、生活、生态的"三生"环境为重点，在全省启动"千村示范、万村整治"工程，推进以改善农村生态环境、提高农民生活质量为核心的村庄整治建设大行动。浙江省委提出要用5年时间，从全省4万多个村庄中选择1万个左右的行政村进行全面整治，把其中1000个左右的中心村建成全面小康示范村。浙江省委、省政府把这项关系浙江省农村新发展，造福千万农民的"民心工程"作为一项重大的战略任务来抓，采取各种强有力的举措推进这项工作。被确定为示范村之一的金星村抓住机遇，开始了美丽蝶变：大力拆除改造100多处危旧房，新建排水设施，拆除露天粪坑，一系列行之有效的整治措施让曾经脏乱差的小山村变身为美丽村庄。因此，习近平同志来村里考察"千村示范、万村整治"工程的实施情况。金星村村民一直记着习近平同志的嘱托，这10多年来，一直坚持不懈，把金星村建成了浙江新农村的样板村。

　　不久前，我再次来到金星村，村党支部书记郑初一陪着我。郑初一是党的十八大代表，曾登上中央电视台《新闻联播》节目，向全国人民讲述金星村的变化。他在村里已经担任了20多年的村党支部书记，村庄的发展变化，他是亲历者，也是直接的组织者。我们一路走，他一路介绍。现在的金星村，真的让人眼前一亮，这根本不像一个农村，而像一个艺术村庄。错落有致的农居，白墙黑瓦花格窗，精心设计建造的围墙、栏杆、窗户，透着一种浓浓的艺术氛围，散发着江南水乡的韵味。郑书记带着我走在村旁的马金溪畔。一排排民居傍水而建，庭院间、篱笆旁、围墙上，绿植郁郁葱葱。溪水倒映着逶迤青山，碧波之上，许多水鸟在嬉戏。水绕山转，山水相映，水因山的奇特而娇，山因水的相映而美，景色之美让人如同置身于一幅精美的风景画中。据说，前几年金星村聘请专业设计公司对村庄发展规划进行重新修编，进一步明确乡村发展定位。金星村开展了"环境大提升"集中攻坚行动、房外立面改造、古埠头和停车场修缮、村庄道路"白改黑"、农村电网升级"上改下"等20个项目。金星村还通过截污纳管工程统一收集、处理全村的污水，使村庄更加整洁漂亮，并以创建"农趣庭院"为突破口，动员农户开展庭院洁化、序化、绿化、美化行动，全力打造特色庭院。村民们按照"生态环保、因地制宜、变废为宝"的要求，对自家庭院进行精心设计和改造，建成一批乡味浓、景色美的农家庭院。他们用石块围起花圃、菜园，植出一片绿意盎然；用毛竹搭起架子，让各种藤蔓攀爬，打造一个绿色的空间；用旧石块装饰墙面和围墙；用花木装点庭院；用壁画美化围墙。同时，金星村推行"垃圾不落地""垃圾无害化处理"等举措，实现了垃圾分类投放全覆盖。村里还组织保洁队，每天巡回捡拾垃圾，保持村庄环境的整洁。所有这些，把金星村打扮成一个楚楚动人的充满艺术气质的美丽少女。

我笑着问郑书记："这么好的地方，来旅游的人一定不少吧。"郑书记说，近年来，金星村通过田园美、村庄美、庭院美建设，打造美丽花

精心设计和改造的庭院

园、美丽经济，做大做强旅游产业，过去全村有1/3的村民外出务工，现在外出务工的不到1/7。大家认为，在绿水青山之中生活，只要肯干就会有收入。一个村民曾在外地做了9年的厨师，几年前，他看到村里的人气越来越旺，就回来开办了"河边人家"农家乐。还有许多人回村办民宿，一些外村人也来金星村办民宿。有安徽人与金星村村民签了20年租房合约，打算在村里长期经营民宿。目前村内已经办起了20多家民宿，还有好多家农家乐。近年来，村里先后修建了约1500平方米的村口公园、约3000平方米的休闲公园、万米环村江滨绿色休闲长廊，以及生态停车场、生态茶园、香樟大道、银杏大道、休闲古埠头等设施，加快了旅游产业的发展。为提高游客接待能力，金星村还对村委会办公楼进行装修，将其改成游客接待中心。村里建起了文化活动中心，这里已经成为村民和游客流连忘返的地方。金星村还在后面山上修建游步道，在马金溪畔建游乐场。还有一件很重要的事就是村里建了好几个公厕。我曾听一位县委书记说，发展旅游，政府一定要建好公厕，别的建筑都有人建，就是公厕没人建，如果公厕建不好，环境肯定不可能搞好，所以以建公厕很重要。金星村的公厕建造得很漂亮，很多游客把公厕当作茶室，想不到公厕这么有情调。许多外地人，特别是上海市、杭州市的客人，每年都到金星村过年，年过好了，就订下一年，订迟了还订不上。金星村附近有根宫佛国文化旅游区、古田山保护区、七彩长虹旅游景区、金溪桃韵景区、霞山古村落等旅游景点，还有开化龙顶、开化杜仲茶、开化清水鱼、开化香菇、藏制豆腐等特产。金星村凭着好山好水好风光，借力周边的旅游资源，把自己打造成乡村旅游的热门地，积极创建省级4A级景区，每年吸引数十万人来旅游，成为人们诗意栖居的好地方。

郑书记带我走进"深渡1号客栈"，这是首家由村民自家民房改建而成的民宿。民宿的装饰设计绝对一流，文艺范很浓，也独具韵味。主人说前后投入40多万元，做民宿不仅赚到了钱，还结交了许多来自全国各地的好朋友，越来越感到做民宿真的很有价值、很有意思。还有一个叫"二食一宿"的民宿，是依托闲置的石头房子和院落打造而成，走进这座"石头房子"，可以看到所有的装饰材料几乎都是就地取材。主人是本地人，之前在外地从事文旅工作，后与朋友创办了"二食一宿"民宿品牌，并先后在杭州市、苏州市等地开办了5家连锁店。2017年他回到金星村后，被这里的美丽风景所吸引，决定把"二食一宿"开到家乡，并将其打造成金星村民宿转型升级的一个典范。他还想将"二食一宿"打造成一个"乡村会客厅"，游客、村民都可以随意进出，在这里会客、喝茶、聊天，即把这里做成一个开放式的民宿。还有村民以会员制为营销模式，并把接待重点定位于华东地区的中老年群体，建起了养

路边的民宿

金星村街角一景

生馆、书画院、石艺馆等功能定位多样的文化民宿。这些引进的民宿，提升了金星村民宿的档次。一些高端民宿，尽管价格高至每天980—1280元，甚至2280元，还是有人住，而且假日期间天天爆满。金星村的游客数量每年都在快速增长，游客们吃、住、购物都在村里，让村民也得到了实实在在的好处。

　　我参观了好几家民宿，这些民宿的设计、建设、管理绝不亚于杭州市等地。民宿的文化氛围很浓，有小型的茶吧、咖啡吧，小书架、小摆设十分优雅精致。民宿里布置着小花园，房间整理得干净舒适，窗外是绿水青山，可以听到小鸟欢快的叫声。据说，开民宿的村民，做得比较好的一年可以赚一百多万元，做得一般的也有二三十万元利润。现在金星村不仅有地方可玩、可游、可吃、可住，更是一个全新的浙派风格的民居村。同时，这里毗邻花牵谷景区，利用这得天独厚的优势，金星村成了花牵谷景区的游客集散中心。近年来金星村先后被评为浙江省休闲旅游示范村、省老年养生旅游示范基地等。我也笑着对郑书记说："真想到这里住上一段时间，过过神仙般的日子。"郑书记也说，这些年金星村的变化的确很大，老百姓的物质和精神都富起来了。2006年，习近平同志来金星村的时候，村民人均年收入不到6000元，到2019年，村民的人均收入已经超过3.6万元。他们定了个发展目标，到2022年，村民人均可支配收入达到5万元，村集体经济收入要达100万元以上。

　　郑书记陪我来到了刘秀兰家，对她说："我给你带来一位照片中的人。"并指着墙上照片中的我说，"这个人你认识不认识？"刘秀兰一看，高兴地说："太好了，欢迎欢迎！"一把拉住我的手，马上叫我与她在3任浙江省委书记到她家的3张照片前合影。多年不见，老人家一点都没变，还是这么硬朗，脸上洋溢着幸福的笑容。老人说，她的房子已经租给一位艺术家做工作室了，每天来参观的人很多。我与刘秀兰回忆了当年习近平同志到她家的情景，还交谈了她后来的情况。她说金星村成了"绿水青山就是金山银山"理念的文明实践点，她现在担任"平语近人"的宣讲员，给人们讲"变种种砍砍为走走看看"的发展经历。

　　刘秀兰讲的"变种种砍砍为走走看看"，也就是金星村坚持走"绿

笔者（左）与刘秀兰在3任省委书记到她家的3张照片前合影

水青山就是金山银山"的发展道路，从"卖山林"到"卖生态"，变"种种砍砍"为"走走看看"。过去有一段时间，金星村村民过度砍伐树木，使周边的山岭变成了光秃秃的荒山。改革开放以来，金星村禁山造林取得了较好的效果。特别是2008年，经过广泛征求意见和村民代表的表决，金星村启动集体林权制度改革，将村集体近万亩山林分给农户经营。林权制度改革后，村民足不出村就有稳定收入，护绿种绿的积极性空前高涨。他们像种田一样种山，像种菜一样种树。现在，金星村积极种好三棵"致富树"：银杏树、茶树、无花果树。金星村要把这"三棵树"发展成生态绿色的大产业。村里成立了茶叶专业合作社，茶农已经发展到300多户，茶园面积扩大到1000多亩。金星村的茶树长于青山间，用清泉水浇灌，出产的龙顶茶叶品质特别好。仅茶叶一项，每年就给村里带来近千万元收入，平均每户一年有2万元左右的收入。还有不少村民种无花果树，开发出无花果酒、无花果饮料、无花果酵素、无花果香皂、无花果果脯、无花果干、无花果茶等系列产品，把小小的一棵无花果树发展成覆盖全省、辐射全国的大产业。刘秀兰就在院子里种了5棵无花果树，她习惯每天喝自制的无花果茶，她儿子周平也承包了100多亩地种植无花果树。目前，全村拥有生态公益林约5765亩，全村森林覆盖率已经达到98%，常年空气质量优良率在98%以上，是天然"氧吧"。

不知不觉中我们在刘秀兰家已待了很久，最后依依不舍地离开了她家，她再三叮嘱我，一定要经常来看她。

对于金星村，我印象最深的一是刘秀兰，二是一棵大银杏树。当年习近平同志到金星村考察，将要离开时，看到这棵银杏树，根须外露，枝叶稀疏，已经没了生机。他对村民说，这棵古树漂亮，是村里的村宝，要保护好。后来，村民拉来黄土、石子，盖住裸露的根须，还砌起一个石圈，围住树的根部，这棵千年银杏渐渐有了生机。现在，这里建起了银杏公园，银杏树巍然挺立，成了金星村最亮丽的名片之一，许多游客慕名前来。我走到银杏树前，见这棵古树傲然屹立、冠如华盖，微风拂过，树叶婆娑。树干之粗，如我这样的人，估计要4个才能抱住它。树根侧几株小银杏枝叶葱郁，生机勃勃。树前木牌写着：银杏树龄1000年，树高37米，胸围6.98米，冠幅20米×23米。

这棵银杏树与金星村的历史息息相关。据金星村《夏氏宗谱》记载，夏姓族祖夏史烈为避黄河水患从河南南迁，行至古时金星深渡地界，觉得此处风景不错，便将山上的一棵野生银杏移栽于此，视其死活定去向，银杏树成活，夏氏一族遂定居此。这棵树见证了村庄的兴

千年银杏

盛。村民也把自己的命运与这棵树紧密地联系在一起，历史上多次抢救过这棵树。2012年8月18日晚，千年银杏树不幸被雷电击中，空心树干内的枯叶燃烧起来。村里马上组织人员进行扑救，随后消防部门赶来。此后，县林业局专家每年来为古树"体检"。在保护银杏树的过程中，村民们更加体会到，在发展中要保护好村庄的环境，保护好绿水青山，这才是保护金星村真正的金山银山。郑初一书记说："在今后的发展中，我们不仅要学会尊重自然、顺应自然、保护自然，而且要带领全村人树立和践行绿色的发展方式和生活方式。"

今天的金星村，呈现出的景象是：千年银杏水润盎然，芹江水岸雾岚袅袅，阡陌小巷游人如织，精品民宿食客盈盈。在浙江省努力成为新时代全面展示中国特色社会主义制度优越性重要窗口的时候，金星村村民将牢记习近平总书记的殷殷嘱托，努力将金星村打造成浙江省乡村振兴模范村、践行"绿水青山就是金山银山"发展理念的示范村。

住着梦想与太阳的村庄

——舟山市定海区干览镇新建村

村庄名片：舟山市定海区干览镇新建村位于干览镇西北，居山坳腹地，地势低洼，三面环山，由黄沙、南洞、里陈3个自然村组成，总面积约4.5平方千米，耕地面积约650亩，山林面积约5600亩。新建村共有农户578户1563人。该村先后获得全国文明村、全国生态文化村、国家级美丽宜居示范村、中国最美村镇，浙江省生态环境教育示范基地、首届浙江省农家乐休闲旅游"十佳特色村"等荣誉称号。新建村党支部被评为浙江省先进基层党组织。2015年5月25日，习近平总书记考察了这个村庄。

2020年夏天的一个上午，我再次到了新建村。一到村口，"南洞艺谷"4个字就映入眼帘，入村的道路绿树成荫，我路过宽阔的大道，经过几个停车场，到了村里。一个村有这么多的停车场，你就可以想象得到平常的人气与喧闹程度。从入村口的高坡上眺望阳光下的新建村，一幢幢墙面雪白的民居，一片片灰色的坡屋顶，整齐地分布在山谷中，一列绿皮火车停在小溪边，几只渔船漂荡在村中央的池塘里，好一派美丽乡村的景象。

我近10年来有五六次到过这个村庄。最早到新建村是2004年5月。那时我刚调任浙江省委组织部副部长，到任马上就跟着省委领导到舟山调研，那一次就来到了新建村，所以新建村是我到省委组织部工作后调研的第一个村庄。当时的新建村没有给我留下太多的印象，一个很普通的村庄，在一个山岙里，普通的农房和田地，一座旧厂房，一些妇女在做手工。印象深的却是见到了被村民称为"阿红"的村党支部书记余金红。据当地领导介绍，余金红是一个带领农民致富，推进新农村建设的优秀带头人。

要了解新建村，还真的要了解余金红。这个村从一个很普通的农村变成今天的"网红村"主要是靠她的带领作用与不畏艰难的执着追求。余金红是1992年从外乡小岛嫁到新建村的。1997年，她当了村妇女主任。1999年，她成了村委会主任。她上任时，村里有一条通向外面公路

南洞艺谷

的烂泥路，坑坑洼洼，2千米长，雨天泥，晴天土。要致富，先修路，村民十分想修好这条路。但当时村里欠债16万元，根本无钱修路。怎么办？余金红想方设法到处筹钱，她的真情还真的打动了许多人。2000年元旦，村民们终于告别了"晴天一身灰，雨天一身泥"的日子，道路通了。村民们看到了自己致富的道路通了，余金红在村民心里的威信也慢慢建立起来，于是村民就开始叫她"阿红书记"。

2009年，余金红在一位艺术家的点拨下萌发了一个念头，就是依托新建村南洞自然村的绿水青山、闲置的民房和一些部队遗留下来的旧营

新建村全景图

房，建大学生采风实习基地，名叫"南洞艺谷"，让艺术院校的大学生来村里搞创作，村民们可以在服务中获得一些报酬，村集体也可以有一些收益。一个很平常的小村庄，交通也没有什么优势，地理位置也很一般，更没有与艺术有关联的特色，要吸引大学生来不是一件容易的事。余金红就是有一股韧劲，以她百折不挠的倔脾气到处奔波。最后她请了全国20多所艺术院校的院长、教授来到南洞，他们被南洞的绿水青山与女书记的梦想感动了。第一批300多名大学生来南洞采风10天，30户家庭负责大学生的食宿，每天可以赚100元左右。就这样，艺谷开张了。但是，走过的路并不平坦，一路磕磕碰碰，比较艰辛。

2011年，我曾陪着一位中央领导到了新建村，我们都被村庄的一条标语深深地打动："只要心中有梦想，天上一定有太阳！"这就是浙江省的农民，善于"无中生有"，以走尽千山万水、想尽千方百计、说尽千言万语、吃尽千辛万苦的精神，实现心中的梦想。余金红陪同着我们，一路上滔滔不绝地讲着她的梦想。中央领导给予充分的肯定与高度评价。当时浙江省委宣传部正在筹划在全省打造一批艺术谷，因此便商定给新建村以资金等各方面的大力支持。

此后，我多次去过新建村，参与村庄打造"南洞艺谷"的规划，参加了几次座谈会，每次都被新建村干部执着的追求与满腔的热情所感动。

近几年，每年都会有数万名学生到村里采风实习、体验生活。为了让村庄更有艺术氛围，村里请这些学生给村庄的墙都绘上各种画作，学生们的想象力和艺术水平得到了充分的展示。新建村办起了全国艺术院校大学生实习采风基地、戏剧创作活动基地、村干部培训实习基地，与中国美术学院、华侨大学、浙江工业大学等近30所高等院校建立了紧密的合作关系，相继建成了群岛美术馆、文化礼堂、群众艺术创作中心、火车休闲广场、渔人码头、明清仿古老街。新建村还打造了一批渔船放在村中心的池塘里，高高的桅杆上彩旗招展，让人在山谷中也能感受到大海的风景。更有意思的是，这里还有一列舟山唯一的火车。大家知道舟山还没有通火车，看火车是村民几代人的梦想。新建村的村民不知用什么运输工具，把这么庞大的火车运到了这个小渔村。火车经过改造变身为一家蒙古特色音乐火车餐厅，上面还有火车影院、火车青年旅舍（民宿），还有精致小巧的餐厅和咖啡吧。如果约几位朋友一起在火车上坐坐，是一件很惬意的事。慢慢地，来旅游的客人越来越多了，新建村的名气也慢慢地扩散开来。

新建村打造了一批渔船停放在村中心的池塘里

所有这些等来了一个激动人心的时刻。让余金红和新建村村民至今还在无比兴奋之中的是，2015年5月25日，习近平总书记来到新建村考察调研。2015年5月30日《浙江日报》刊发的报道《一步一履总关情——习近平总书记在浙江考察纪实》中是这样写的：由3个自然村组成的新建社区，群山环抱、绿树成荫、粉墙黛瓦、小桥流水，一派生机勃勃的田园风光。在新建社区南洞艺谷，一幅幅色彩斑斓、充满生活气息的渔民画和一件件精美实用的手工艺品吸引着总书记。习近平频频驻足欣赏，向正在绘画、刻版的几位村民和艺术学校实习生询问创作感受，称赞他们心灵手巧，村里有书卷气、文化味。得知这些工艺美术作品陆续有了较好的市场，增加了村民收入，习近平很高兴。他还对在村里的指导老师说，你做了件很有意义的事情……坐在南洞艺谷68岁村民袁其忠开办的农家乐庭院里，习近平同村民们促膝交谈……村民们你一言我一语告诉总书记，"我们这里空气好啊，老人都长寿""城里人来

村民闲聊休息处

这把水带回去泡茶喝""青山绿水可以发财""以前我们穷，现在办农家乐致了富，盖新房、买了车"。习近平说，这里是一个天然大氧吧，是"美丽经济"，印证了"绿水青山就是金山银山"的道理。

惠风拂过，新建村更火了。游客经常爆满。人们跟随习近平总书记的脚步，看不一般的南洞艺谷。有的游客就是按照习近平总书记走过的路在村里走了一遍："踏着总书记的脚步品味新农村的美好。"这个偏僻的小山村是如今的中国最美休闲乡村、浙江省首批文化创意小镇。创意就是创造与众不同，新建村走了一条与众不同的发展道路，让村民走上了致富路，也让游客感受到了一个独具韵味的舟山渔村。2018年，村旅游人数突破40万人次，新建村成为浙江省内著名的文化艺术村。

在余金红的陪同下，我再次参观了这个熟悉又陌生的村庄，因为几年不来，变化实在是太大了，好多地方我已经认不出来了。我们参观了习近平同志14次考察舟山的一个展览室，品味着舟山10多年来的发展历程。接着我们沿着习近平总书记考察新建村的路线仔仔细细地走访了一遍，体会着习近平总书记对美丽乡村建设的教诲与期望。我们还在习近平总书记与村民座谈的画春园坐了一会儿，听村民讲述那天的情景，享受着阳光的照耀与微风的吹拂。后来，我们去了群岛美术馆，这里展示着许多渔民画、漆画、船模、陶瓷以及衍生艺术品。渔嫂们经常在此作画，她们的画不是用技术，而是用对渔村久远的回忆与对当下生活的热爱画出来的，笔下的渔民画五彩缤纷、气象万千，仿佛还散发着鱼腥味的气息，带着心中的快乐。这里还有各种陶瓷做的鱼虾、海螺、贝壳，斑驳陆离，小巧玲珑，让人爱不释手。游人们到这里参观，总是情不自禁地拍摄照片或购买伴手礼，从大受欢迎的渔民画和大海的形象代言物中感受火热的渔家生活。

村民笔下的渔民画

画在农家房屋墙上的壁画

现在到一个村，我们总是要参观一下文化礼堂。新建村的文化礼堂有自己的特色。馆里陈列着各种渔民过去常用的渔具及生活用品，这些东西在几十年前是常见的物品，现在已经是稀有之物了，在生活中已经不太看得见。这里陈列着蓑衣、镰刀、草鞋、摇篮等老式物件，让中老年人有久远的回忆，让年轻人有旧生活的猜想，也让孩子们有神奇的生活想象。除此之外，文化礼堂还有各种介绍这个村庄过去与今天的资料。

新建村在下一步的发展中有一个设想，就是要把村庄山上的一个小水库扩容修缮。余金红想借此机会把水库改建成一个文化主题公园。于是，她邀请我上山看看。我们到了水库边，只见一湖清水，碧波荡漾，翠绿的群山和白云飘浮的蓝天倒影在水中，仿佛是天空在水中婀娜多姿地舞蹈，加上舟山市一年到头都有浙江省最优的空气，绝对让人心旷神怡。如果坐在水库畔喝几口清茶，与几位好友谈天说地，一定会有别样的情趣。并且，从水库鸟瞰村庄，绿水青山中的新建村，粉墙黛瓦、小桥流水、山水之间，田园、房屋错落有致，更彰显了村庄美丽的身姿，看到了村庄别样的美。

那天我由于要到浙江大学海洋学院讲课，所以还是匆匆地离开了新建村，如果要对新建村有一个更加深入全面的了解，最好还是选择住在农民家和各色民宿里。粉墙黛瓦的民居，不太大，但很温馨，屋前屋后砌着坎墙，屋前大多有一个小院。院子里种四时开花的花木，或者是青菜、葱等蔬菜。一家一户一院，站在院子里，既可以眺望远处山色，又可以回避城镇的喧嚣，尽情享受这里的幽雅与清静。一些农家房屋的墙上，是艺术院校的学生画的壁画，有传统戏剧人物，有动漫卡通形象，有田园风光，等等。村民们还把当年坐在晒谷场上看露天电影的景象、渔民们出海打鱼的画面、渔妇们晒鱼干的场景等都

新建村的一处民宿

画上了墙。人们行走在村庄里，仿佛行走在一个大型画展之中，品味艺术与生活的融合之美。

如果住在村里，便可以与当地的村民进行深入的交流。非常淳朴憨厚的村民有大海一样的胸怀和好客的心肠。只要你住在他们家里，与他们坐在一起，他们就会有说不完的话，谈不尽的故事，说说舟山的传说、南洞的风俗、海岛的习俗与他们的喜怒哀乐。如果和学生们一样来采风，可以用手中的画笔，把他们的笑脸画下来，带着豁达与快乐回家。

"阿红书记"一直有个梦想，这个梦想现在好像越来越强烈，就是要打造"中国南洞·戏剧谷"。中国传统戏剧中有中国人最本真的善恶是非，有做人处事的基本道理。中国古代的道德教化有一部分就是靠戏曲来承担的。这些传统戏曲，是祖先留下的宝贵精神文化财富。新建村要走向美好的明天，为老百姓创造更加美好的生活，村里的精神文明建设自然要进一步加强，村民的道德礼仪要进一步提升。此外，打造戏剧谷会有众多的效益，也包括增加南洞艺谷的文艺味。我看过新建村打造"中国南洞·戏剧谷"的规划，那是一个充满梦想与设想周全的规划，绝对是一个大手笔。如果做成了，新建村可能会让全国人民刮目相看，也会在舟山市乃至浙江省打造一个新的文化地标。看着他们的规划，我想起村里的那句话："只要心中有梦想，天上一定有太阳！"

还是让太阳来验证他们心中的梦想。

以村名感恩700年的村庄

——台州市天台县平桥镇张思村

村庄名片： 台州市天台县平桥镇张思村，位于平桥镇的西南部，距镇中心约2.5千米，与62省道相距约2千米，村域面积约2350亩，东西长约900米，南北宽约400米。村四周坦荡广平，田畴绣错，前以紫凝山拱列为屏，后以大磐山脉为靠，南有始丰溪所系，北有玉带湖所围，山清水秀、环境优美。农户968户2918人。张思村是全国传统村落、中国美丽休闲乡村、国家级3A景区村庄，浙江省历史文化重点保护村落、浙江省美丽乡村示范村、浙江省第四批民俗文化村、浙江省老年养生旅游示范基地。

2020年4月初的一个下午，我走访天台县平桥镇张思村，到村口刚一下车，一个壮实的男人向我走来，当地人介绍说："这是张思村党支部书记陈海超。"陈书记一见我就特别高兴，说："胡部长，我不知道是您来，2013年我在天台市听您讲文化，我都是按您的说法做的。知道您来，我一定先把豆浆准备好，让您品尝一下！"诚恳的态度、豪爽的性格，一下子让我们变得像多年未见的老朋友。据说当地的手磨豆浆别有风味，味浓香甜，客人喝了都赞不绝口。我笑着说："陈书记，咱们胡、陈是一家，是一个祖宗的。"陈书记答："对，都是胡公满！"一定不能小看农村干部，很多都是"土秀才"，知识很渊博的。

陈书记领着我们走在石板铺成的古村道上，两边有旧民居，也有近年来刚修缮的民居，风格还是比较协调的。入村不久，就看到一块牌子，上面写着"张思村名由来"。我驻足仔细看，牌子上写着：张思村建于宋代。在村中心墩头台上，记载着祖先的发家史及美好期望："自婺迁务园置山口书田书香不断，由清溯宋代开墩头基地基业无疆。"陈

墩头台

氏祖先文甫自务园（今天台城区四方塘一带）举家迁入，擅读书、作画、经营药材，辅以农耕，与一对终年以摆渡为生的张姓、施姓夫妇毗邻而居，亲如一家。一日，两家年龄相仿的孩子在母亲河始丰溪嬉戏不慎落水，张家先救陈氏孩子，而自家孩子被水冲走，没有生还。为纪念他们舍己为人之"义"，陈氏家族感恩报德，把村子取名为"张思"，怀思念之情。陈书记说，这个村大多数人都姓陈，为什么村名不叫"陈思"，而叫"张思"，道理就在这个地方。我听了很有感慨：陈家的先辈多么的有情有义，张家救了陈家的孩子，就把村名叫作"张思"，世世代代不忘张家的恩情。后来，我在村里的文化礼堂、村外的文化长廊都看到这个有关村名由来的故事，说明今天的陈家人仍然是有情有义的人，一直记着祖先们的教导，感恩张家，永世不忘。

　　我听了村名的来历，马上对这个村感兴趣起来，因为这是一个有故事的村庄。据说张思村的规划建设是按北斗七星分上中下排列。古诗曾称赞它说："夜含星斗分乾象，晓映雷云作画图。"整个村落呈船形分布，站在高处望张思村，古村仿佛是停泊在始丰溪畔的一艘古船，故张思村有"船地"之称。村庄临水而筑，依路伸展，水绕屋流，村因水活。道路边、民居旁，都筑有小渠，清澈的水缓缓流过，水中欢快地游着许多红鲤鱼。这潺潺流水，加上风鸣虫吟、鸡鸣狗叫，是张思村安详舒畅的乡村声音，让乡村充满了诗情画意。

　　陈书记继续领着我们往村里走，村道变成了小石子铺成的路。道路边出现了一些矮围墙，上面盖着黑瓦，挂着一排排灯笼，上书"古韵张思"。灯笼边上，是一幅幅做工很精致的壁画，写着《十戒诗》。整个

充满诗情画意的张思村

村庄道路边挂着一排排红灯笼

　　村庄打扫得干干净净，整洁的农家小院，开满了五彩缤纷的鲜花，晒着农家的东西，可以想见村民们的幸福生活。陈书记突然拉着我，拍了拍一堵旧墙，说："这旧墙，本来是要拆的，我就是听了您的课保留下来的。村里的道路，村民们本来也想改成水泥路，也是听了您的课，您说'破和旧是一种文化，是一种流传下来的美'，我听进去了，我们就这样保留了这条石子路。"陈书记还记得我说的一些话："古老的东西是岁月留下的文字"，"是久远乡村的回忆"。我想不到，几年前在天台县委理论中心组讲的一堂课，居然会有这么大的作用。看样子我还要多到各地去宣传文化理念，让更多老祖宗的东西被保护下来。

　　我们走到一座凉亭，上书"熏风亭"。亭内坐着10来位老人在打牌。听陈书记说，随着张思村农民生活水平的不断提高，现在很多村民在家就能做生意、办民宿、种花木、开网店，许多过去外出打工的，现在也回村做事了。年纪大的，就悠然自得地打打牌、谈谈天，过着安逸的日子。陈书记领我到一处古建筑，这座建筑叫继善堂。从介绍上看，这房子建于乾隆年间（1736—1795），坐北朝南，平面呈正方形，两层的木结构大四合院，占地面积约636平方米，建筑风格别具一格，设三道大门头面西，还是在中轴线上。该建筑重雕饰，中国画、篆刻、木雕、石雕，各式饰件精彩纷呈。特别是窗户，采用“一根藤”的技法雕刻，精美绝伦。这里说一下“一根藤”的含义，因为我刚在天台和合人间文化园参观过“一根藤”博物馆。古时流行于江南的“一根藤”，是由许多小木条，通过榫卯拼接、回环穿插，盘曲成首尾相连的吉祥图案，其造型酷似生生不息、连绵不断的山间野藤，“一根藤”由此而得名。古人们用这独特的技艺寄托美好的愿望。相信门窗上的“一根藤”是有生命的，延绵不断的藤蔓本就寓意长青不老、圆满，而其盘绕成的图案，或呈现福禄寿的喜气，或传递美满如意的祝愿，伴随居住的人家因“一根藤”的棂格而枝繁叶茂，代代延续。继善堂的这些窗户，不仅是当年建筑风格的代表，更透露出居住者的风雅之情。相传，当时居住在此的主人颇具书卷之气，有着读书人的儒雅之风。听陈书记说，张思村共有13处集中成片、历史悠久的古建筑群，包括3座祠堂、10多幢明清风格的院落，还有数幢民国年间的民居。其中11处于2009年被评为浙江省重点文物保护单位。近年来，张思村以打造“非遗”特色旅游村为目标，全面实施美丽乡村建设和古民居修复工程，把这些古建筑做了修缮。张思村把一些房间还原为婚房、灶房、农具房，举办老物件展览、张思村村史展等，还把做红曲酒、做灯笼、做苎布、做饼糖等传统手工艺请入四合院，展示张思村老艺人们的风采。张思村历史上就有打集锦、穿蓑衣、编斗笠、穿草鞋、木雕、舞龙舞狮、武术等多种民俗民艺，为此

2017年张思村被评为浙江省民俗文化村。在张思村的老建筑里，我们不时看到当地人做的各种手工艺品，特别是竹编手工艺品，很有特色，是很好的旅游纪念品。

在行走中，陈书记还跟我说了一件事。七八年前，村民们还不了解这些古建筑的价值，为了建设新农村，不少人提出把这些破旧的老房拆了建新房。就在这时，陈书记到县里听了我的课，认识到这些老建筑价值无限，于是在村里召开会议，讲了我在讲课时提出的观点，许多人接受了这种保护古建筑的观点。但是，还是有些人要拆这些建筑。陈书记没办法，急中生智，向县文物保护部门举报自己，说张思村要拆古建筑，上级马上派人来处置，终于把这些建筑保护下来了。陈书记庆幸地说，幸亏我们认识早，否则这些古建筑早被拆除了。近年来，村里非常重视古建筑的保护，相继完成了陈氏祠堂、上新屋里、后新屋、继善楼、益华楼、老供销社、博士堂7幢古民居及约2.5千米长的古道修复。张思村建起了农村文化礼堂、熏风亭、霞客亭休闲长廊。现在，张思村建立了以党支部为核心、村委会为主体、群众广泛参与的"同心议事团"，实行"同心议事"制度。有了这样一个沟通平台，张思村的许多大事都由议事团提出意见，如张思村入口改造的问题，就是采用了议事团的意见，这样各项工作的推进就有了一种好的机制，也不用书记一人操心了。

我们又走到一处古建筑前，见门厅上挂着一幅匾，上书"冰心雪操"。陈书记介绍说，民国时期，村里一位"塘里太婆"主动捐资400大洋，带领村民筹款，兴建县堂。县长为之感动，特赠此匾，以为表彰。现在张思乡贤把这种"冰心雪操"的精神传承下来，为家乡发展捐款捐物。我们到了一座写着"博士堂"的建筑，该建筑就是这种"冰心

熏风亭

继善堂

雪操"精神的当代体现。这房子，原来是陈铭、奚阳春夫妇的，他们毕业于杭州大学，育有四子一女，子女又育有三子两女，一门崇文重教，有博士2人，硕士4人。陈家兄妹，虽各定居他乡，但一直心系故里，得知村里要修建古宅，振兴古村，就商议后一致同意将祖宅无偿捐赠村集体使用，村里为了表彰他们的义举，把这座建筑取名"博士堂"，希望发扬张思村崇文重教的风尚。我走进里屋，房子虽然旧了些，但书卷气很浓，摆着许多草垫，墙上写着《道德经》，贴着张思村红领巾学院的招贴画。陈书记说，这里经常有孩子们来参观学习，举办各种活动。进厅堂木门上的古人浮雕，被人摸得光亮变色。陈书记笑着说，这是参观的人摸的，希望沾点"博士气"，回去考个博士。从古至今，张思村出了不少名人。陈宗辉，曾任刑部员外郎，升福建兴化府知府、中宪大夫。陈宗渊，中书舍人，其作品《洪崖山房图》珍藏在北京故宫博物院。许多名人也与张思村有关，如明代徐霞客曾两度到张思村，村里专

张思村红领巾学院

门为之修建霞客亭休闲长廊，并立牌纪念。张思村一直耕读重教，是当代天台县人才辈出的突出典型。在20世纪70年代，张思村的中小学教育成果十分辉煌。1977年国家恢复高考制度，不少学子跨入高校大门。现在村里出了教授级的高级知识分子数十人，一大批处级厅级干部，正可谓人才荟萃。张思村的乡贤还带头出资100万元，成立了张思村宗渊慈善基金会。2019年，该基金会已筹得善款230万元，并制订了章程。每年对张思籍学子考上本科院校的，每人奖励3800元，考入清华、北大的奖1.8万元，考上研究生的奖5000元，博士生奖1万元，在村里形成了良好的崇学氛围。

走出村庄，陈书记带我走过一条百米文化长廊，刚好看到一个妇女带着一个小女孩坐在文化长廊里。我想给她拍张照，妇女笑着叫小女孩摆个姿势，女孩害羞地低下头，她们开心的笑脸上写满了幸福。文化长廊里张贴着张思村村名的由来、村庄的介绍、一些名人的介绍等。长廊的左边是张思村，右边是一大片种着水果树的农田。据说在这里年年要办天台县田园花海节。红艳的桃花、娇媚的李花、素净的梨花、典雅的牡丹、缤纷的玉兰花、金黄的油菜花，形成一片花的海洋，鲜艳无比，每年都会吸引数十万人前来观赏花海。人们在花海里穿行，摆着各种姿势拍照，享受着田野凉爽的微风，空气中飘动着淡淡的花香。孩子们还可以在这里滚铁环、打陀螺、弹老虎珠、踩高跷。花海节时，张思村还举办美食嘉年华，让人们品尝当地各种美食，令人流连忘返、陶醉其中。

陈书记说，随着张思村名气越来越大，现在来旅游的客人也越来越多，张思村人就办起了农家乐和其他民宿。近年来，张思村还大力发展体育运动。全村人都喜欢气排球运动，不仅组队去参加村外的比赛，自己也承办气排球赛事，连续多年举办全国中老年沙滩气排球邀请赛。每一次比赛，都有上海市、江苏省、江西省、福建省等地的数百名运动员来到张思村，每场比赛都能吸引很多人观赛，比赛时期经常出现餐饮供不应求、住宿床位紧张的现象，这样就带动了村里农家乐和其他民宿的发展。目前张思村可以一次性接待300多人住宿、1500多人就餐。但是，由于游客数量增长很快，特别是双休日，想来这里吃饭找个位子也不太容易。近年来村里还建起了开心农场、儿童乐园、射击场、跑马场、百果长廊等游玩项目，举办果蔬采摘等游玩活动。旅游是一个富民产业：游客多了，当地的农产品，如笋干、番薯干、豆腐皮、水蜜桃、葡萄和特色糕点经常被抢购一空；旅游带动了村民致富，家家增收，也吸引年轻人回归创业。据统计，2018年张思村共接待游客80余万人次，实现收入约1526万元，村民人均年收入已达到4万多元。

最后，陈书记领我到了"宗渊书院"，一座传统与现代完美结合的建筑。走进书院，但见一个湖，两岸建筑精致典雅。听主人陈一平介绍说，北面为几个大的展览厅和报告厅，南面为书院小展厅和办公区。陈一平当过教师，后来从事房地产行业，"宗渊书院"就是由他个人出资兴建的，以发扬张思村崇文重教的传统美德。我们坐下来喝茶。陈书记叫我再帮张思村做做文化策划，出出主意。我首先想到了村名。一个用来感恩了700年的村名本身就是一个很特别、很感人，也很有故事的旅游品牌。所以，我建议张思村在发展旅游产业中，可以打好村名的品牌，可以请全国姓张的人来旅游。一个大多是姓陈的人的村庄，为了纪念救孩子的好心人，把村名"改姓张"，全国凡是姓张的游客来旅游，都可以打折优惠。全国张姓是个大姓，这姓张的一来，肯定带动村里旅游的进一步发展。陈一平老师听了也认为有道理。他建的这个"宗渊书

宗渊书院

院"，目前功能还没有完全定位，让我提提建议。我建议作为文化艺术家集聚的地方，可以建一些艺术家工作室，经常举办各种艺术展览活动，也可以举办艺术家的雅集活动。2018年，张思村被评为浙江省老年养生旅游示范基地。我认为当下养老养生是一个大产业，张思村具有得天独厚的生态环境与自然条件，书院与中老年人的文化养老养生结合也是一个很有意思的思路。

好时光总是过得特别快，我们还要赶到别的地方去，所以匆匆地与陈海超书记和陈一平老师告别，但张思村给我留下的印象已经很深，有机会我再来看看，与陈海超书记和陈一平老师共谋村庄的文化大业。

把宣讲工作做到村民心坎上的村庄
——台州市黄岩区南城街道山前村

　　村庄名片： 台州市黄岩区南城街道山前村，面积约0.9平方千米，耕地面积约168亩。农户共565户1845人，中共党员89人。山前村产业主要以衣帽加工、塑料加工为主，2018年村集体经济年收入约780万元，村民人均收入约4.98万元。山前村先后获得全国民主法治示范村、全国乡村治理示范村，浙江省首批善治示范村，省级美丽宜居示范村、省级森林村庄等荣誉。山前村文化礼堂获第七届全国服务农民、服务基层文化建设先进集体称号。山前村党支部被评为浙江省先进基层党组织。

　　浙江省宣讲工作进文化礼堂经验交流会在台州市黄岩区举行，这次会议安排到山前村参观，这是我第二次到山前村，这个村庄依然给我留下了极为难忘的印象。一幢幢花园式的农家4层楼住宅，掩映在绿树之中，倒映在水波粼粼的湖面，宽大的玻璃窗、高挑的阳台、装着一台台太阳能热水器的屋顶。整洁的村庄，地面几乎看不到垃圾，干净得像洗刷过一样。村民们在湖边散步或闲聊，自得其乐，可以想见农民们的幸福生活。当然，走进村庄，最引人注目的还是村里的文化礼堂。那天村

村里的一棵楸树

　　里安排了排舞队在广场上给我们表演扇子舞，虽然排舞队成员看起来都是上了年纪的妇女，但是她们矫健的身姿，优美的舞姿，整齐划一、十分娴熟的动作，引来了阵阵的掌声。

　　在文化礼堂的文昌阁讲堂，作为村里"文化大使"的70多岁的张普法，一边演奏乐器，一边说唱着党的政策和村庄的变化，以及百姓的生活。他边弹边唱村歌《山前之歌》，声情并茂、饱含深情，他唱道："神圣的土屿府，我们在山前住，祖辈的岁月呼唤，喜看今天的变迁。山前啊山前，我们的家园，这里是贤杰辈出，江河之水后浪推……"这首歌是张普法作词作曲的。张普法不仅做好了文化礼堂的"看门人"，而且将丰富文化活动的责任牢记心间。他不仅为村里写村歌，还经常组

排舞队在广场上表演扇子舞

张普法边弹边唱党的政策和村庄的变化

织村民们唱歌、看书、唱越剧,让村民共享"文化大餐"。张普法是土生土长的山前村人,他说:"过去父辈都是靠天吃饭,一发大水,庄稼、房子都淹没了。如今,楼房住起来,厂房盖起来,农民的生活富起来,我们怎能不歌唱?!"说起其中的几句歌词,张普法感叹说,光是"祖辈的岁月呼唤,喜看今天的变迁"一句,他就来回改了不下10遍,只为能最实在地表达村民们的心中所想。我看着这些淳朴的村民们,幸福感和自豪感真的写满了他们的脸。据说每天晚上,天色渐渐暗了,山前村的文化礼堂就开始灯火通明,文化广场上更是热闹不已。文化礼堂还积极开展文化走亲活动,向全省各地输送大量优秀的文艺作品,并获得国家、省、市、区等各种奖项。

10多年前,我曾经在浙江省委组织部担任分管基层党建工作的副部长,到黄岩区总结村级管理"三化十二制"。那时去了山前村,山前村就是一个实施的典型。什么叫"三化十二制"?"三化"是指

"村党支部和村委会"运行规范化、村民自治法制化、村务监督民主化。"十二制"主要包括：推进"村党支部和村委会"运行规范化，确立村党组织的核心地位；通过村党组织工作、村委会工作向村党组织报告、村"两委"联席会议和联章联签等制度，进一步确立村党组织在村级管理中的领导核心地位；推进村民自治法制化，保障村民民主权利；通过规范民主选举、民主决策、民主恳谈、自我管理等4项制度，推进村民自治；推进村务监督民主化，提高监督效能；通过村务公开、村级财务委托代理、民主评议村干部、党员保先考评等4项制度，推进村务监督。原来，山前村是一个比较落后的村庄。由于地势低，这里逢雨必涝、垃圾成堆，一下雨家家户户都进水，村民苦不堪言。后来，山前村新一届村"两委"班子上任，深入实践村级治理"三化十二制"，充分发挥党组织的战斗堡垒作用和党员的模范带头作用，实行了党员联系农户制度，通过1个党员联系5—7户村民，由党员自主挑选平时关系好、地理位置近的村民作为联系户，这样方便党员们"进得了门，说得了话，做得了工作"。这种双向选择，使党员愿意和村民多接触，村民也愿意和党员多交心，更有利于党员与群众的密切联系。同时，每个党员都在家门口悬挂共产党员户的标识，让党员们接受群众监督。通过村班子发动党员、党员联系群众的方式和一级带一级、党员带群众的模式，深入群众开展工作，将党建和村务工作深入到村里的每一个角落。一段时间，山前村有2/3农户从事塑料日用品、服装帽业加工制造工作，产品低小散，市场竞争力比较弱。为改变这一状况，村党支部把从事个体加工制造的党员分片集中起来，建立了7个产业党小组，请产业能人党员担任小组长，带动个体户抱团闯市场，党组织和村委会着力帮助企业解决发展过程中遇到的资金、土地、用工和技术等问题。同时，党组织重点抓好两个"吸"——把优秀分子吸收到党内来，把最广大的群众吸引到党组织的周围。党组织重视挖掘产业链上的年轻致富能手，引导他们积极向党组织靠拢，培养了一批入党积极分子。党支部还主动让产业能人党员与村民群众结对"联亲"，并以项目援助、投资入股、技术扶持和提供岗位等方式，带动其他村民创业致富。山前村就是这样一点一点地变化，一个"穷村"逐渐变成一个远近闻名的"富村"。大多数村民都在家门口实现了就业，村民每年年底可以享受分红，老人按年纪不同发放福利，全体村民共享村里的发展成果，生活过得美滋滋。现在的山前村党支部，是浙江省级先进基层党组织，村"两委"班子的凝聚力和战斗力都非常强。走进新时代，山前村作为贯彻落实"三化十二制"的示范村、样板村，继续当好模范，按照新时代"三化十二制"的要求，全方位推进村级治理。

我到浙江省委宣传部工作后，因为总结农村宣讲工作，又到了这个山前村。这次我关注他们推进面向农民群众的宣讲工作，以及把宣讲工作做到农村文化礼堂的经验与做法。做得好的村总是样样走在前列，它们获得的荣誉也是全方位的。山前村文化礼堂曾获得第七届全国服务农民、服务基层文化建设先进集体称号。说的是2013年，浙江在全省推进文化礼堂建设时，山前村村民们也非常渴望村里有一个农民的精神家园和让大家享受文化生活的阵地。村党组织和村委会决定：要建文化礼堂，就建在村里最好的地方！于是，山前村就把文化礼堂的选址定在村前的呑兜里湖，这个湖当时已经整治为一个公园，刚种下1500株梅花，是村民最喜爱的休闲场所。村里积极筹措资金，除了得到黄岩区和相关街道的补助外，村集体筹资1000余万元大投入地建设文化礼堂。2015年初，山前村建成了建筑面积800多平方米、室外活动场地2000多平方米的文化礼堂，并努力健全文化礼堂的功能，设立了文昌阁讲堂、红色记忆馆、家训墙等。村民们还送来了蓑衣、背篓一类的农具，以及梳笼、炭火锅等生活用具。150多件村民捐赠的物品，布置出了一间诉说着农耕文化的历史记忆室。利用农村文化礼堂，山前村开展了丰富多彩的文化活动，其中一个显著的标志就是利用文化礼堂做好面向村民的宣讲工作。

到了山前村，我的确对这个村的农村宣讲工作和文化礼堂建设感到钦佩。我们坐在山前村文化礼堂的文昌阁讲堂里，据村民说，这是

山前村文化礼堂

文化礼堂中最受村民欢迎的地方，这里常年为村民们提供各种课程。一到周末，文昌阁讲堂更是热闹非凡。这里为农民解读党和政府的最新政策，举办各种农业知识和科普知识讲座，讲述思想道德建设和精神文明建设方面的新要求，点评村里的好人好事，也批评村里一些不良的现象，还为孩子们举办了各种讲座，教学音乐知识以及其他孩子们感兴趣的知识。免费暑期书法培训课是文化礼堂的"金字招牌"。有的孩子连续多次参加了书法课，还深有感触地说："跟着老师学习，除了知道怎么写，更说得出每一笔横竖撇捺为什么要这样写。"到了周末，很多孩子从早上文化礼堂一开馆就待在文昌阁，直到家长过来喊他们回家吃饭才依依不舍地离开。山前村还有各种文艺团队，如村里的腰鼓队、秧歌队、旗袍队等。村里常年以乡村大使工作室为依托，组织村里的文艺爱好者举办丰富多彩的文艺活动，不仅为当地村民送上精彩的文艺节目，而且把党的路线方针政策、法律法规知识、科技知识等，通过各种丰富多彩的文艺形式，送到农民的心坎里。在我们的会议现场，村民就给与会代表们表演了以说唱、快板书、小戏剧等形式来宣讲政策知识的节目。特别是民间的说唱，把比较枯燥的政策也讲得活灵活现，让人喜闻乐见。文化礼堂还开展礼节礼仪教育和道德宣讲活动，推动教育教化、乡风乡愁、礼仪礼节、家德家风走进农村文化礼堂。一走进山前村文化礼堂，便能看到墙壁上篆刻的大幅《土屿张氏家规》，其中写道："孝顺父母，尊敬长上，乃百行之首、万善之源。"文化礼堂的阵地作用和教育作用不断得到发挥，农民的思想道德素质和文明程度不断提升，农村文化礼堂已成为山前村的精神文化地标。文化礼堂建成后，村民在一起唱歌、交流的机会多了，关系也日益融洽，山前村的接警量从过去每个月3—5次，降低到平均3个月1次。宣讲工作和教化工作让山前村邻里

村民在表演说唱

更和睦、村风更文明、社会更和谐、村庄更繁荣。2018年初，第七届全国服务农民、服务基层文化建设先进集体名单出炉，山前村文化礼堂光荣上榜，成为当年全省唯一入选的文化礼堂。

从山前村做好党的宣讲工作的经验使我更加切实地体会到，深入群众面对面开展宣讲工作，是其他任何宣讲形式都不可替代的好方法。在党的历史上，党的宣传员深入群众开展宣讲工作一直是一条宝贵的经验。这种方式针对性比较强，可以区分对象，分层分类宣讲，也可以增强互动性，更可以提问互动，更能够入心入脑地讲清思想理论问题，讲清党的路线方针政策，讲清形势与任务，帮助听众理思路、解疑惑、明方向。特别是结合各种中心工作，集中开展形势政策宣传教育是一种很有效的工作方法。通过这种深入基层的宣讲工作，面对面讲清党的路线方针政策，讲清形势与任务，帮助基层干部群众理清思路、明确方向、推进工作，特别有效果，也深受农民群众的欢迎。我们在黄岩区召开的浙江省宣讲工作进文化礼堂经验交流会，就是为了总结全省各地的经验，并推广这些好经验。浙江省各地积极创新宣讲载体，拓展完善宣讲平台，努力探索符合时代要求、富有吸引力感染力的工作方法，涌现出许多成效明显、特色鲜明的好做法、好经验。

浙江省内常年活跃在基层的各类宣讲员有数万人。各地的宣讲工作十分注意把宣讲内容与群众喜闻乐见的文艺形式结合起来。宣讲工作注重寓教于乐，使大家坐得住、听得懂、记得牢、学得进、用得上。有的一个县就有400支民间说唱、戏曲表演队伍，用唱山歌、讲故事、作图画、办晚会、发短信等形式向农民宣讲。有的还以小品、三句半、道情、婺剧、快板等形式，深入基层开展形势政策宣讲。黄岩区山前村就是这方面做得比较好的样板村之一。浙江省台州市黄岩区的青年宣讲团的经验得到了中央领导的高度评价。让年轻人担任宣讲员，年轻人讲给年轻人听，可以平等探讨，最能收到好的宣讲效果。这些年轻的宣讲员来自不同的职业岗位，可以结合自己的专长增强宣讲的针对性。他们精心的备课与培训也是宣讲工作中很重要的一环。宣讲要讲好，就要坚持"自己一桶水，给人一杯水"，这杯水才有滋有味。他们采取导师辅导、组织备课交流、推荐赠送书籍、实地考察等多种方式，提高宣讲员的思想理论水平和演讲能力，为宣讲工作打下重要的基础。他们把党课搬到村社广场、田间地头，从听众身边事和最关心的问题入手，用小切口讲大政策，用小故事讲大道理，容易被听众接受，从而受到群众的欢迎。在受新冠肺炎疫情影响的一段时间内，他们采取上网课的方式，受众面更广，听众听课更方便，讲的形式也更加丰富多彩。他们采用快板书，讲解如何应对疫情、复工复产等群众关心的问题，并运用抖音等途径进行发布，赢得广泛的支持。山前村还建立健全了从县到基层网格的4级宣讲网络，不断发展壮大年轻的宣讲队伍，形成了宣讲工作的长效机制，这些都为宣讲工作的深化发展奠定了良好的基础。

山前村把文化礼堂打造成培养教育农民的学堂是有历史渊源的。别看山前村只是一个小村庄，它也是一个具有耕读传家风尚的地方，历史上出过一些著名的学者，如我国著名的经济学家张友仁。山前村的文化礼堂就有张友仁的介绍，村民们一提起他就是一脸的自豪。张友仁，撰写、出版了《社会主义经济理论发展史》《政治经济学》的社会主义部

村民们表演快板书

分，担任过《中国大百科全书·经济学》《政治经济学（总论）》的副主编及《政治经济学辞典》的编审组成员。山前村文化礼堂4楼有一间纪念室，是专门用来纪念张友仁的。纪念室里保存着张友仁的著作、书法作品、照片等。虽然村民们与这位经济学家相隔万里，但村民们把这位经济学家看成村里人，是他们教育孩子时肯定要提到的榜样。村里不少当家长的，都会带小孩来这里看看，教育他们好好读书，以后多为国家做贡献！耕读传家的浙江农村，总有一种义化割舍不断，就是农民对自己和对孩子们的希望，所以，教育永远是最重要的，学校总是村里最好的建筑。

宣讲工作是一项面向社会的教育活动，潜移默化地教育人、激励人和转化人。山前村是浙江省宣讲工作的一个缩影，折射着浙江省人民向上向善的情怀与希望。

荡漾天籁之声的音乐村庄
——丽水市遂昌县湖山乡黄泥岭村

村庄名片：黄泥岭村位于丽水市遂昌县湖山乡西南侧，距乡政府所在地约17千米。全村有331户945人，耕地约687亩。全村有林地面积约17792亩，国家级重点生态公益林约14668亩。黄泥岭村位于湖山森林公园的万山丛中，一面倚山、三面环湖，渡船是出入境唯一的交通工具。世外桃源般的小山村，有着"小三峡"的美称。黄泥岭村曾荣获浙江省生态文化基地称号。由于建起了躬耕书院并吸引了一批音乐家长期入住，黄泥岭村办起了陈其钢音乐工作坊，实施了音乐"青培计划"，建起了"音乐筑梦班"，因此，黄泥岭村成了网红村庄。

在阴雨连绵的日子里，我走进丽水市遂昌县湖山乡黄泥岭村。到这个村可不容易，从杭州市出发要先在高速公路上行驶3—4个小时，再行驶半个多小时的山路，随后乘船在乌溪江水库上转过很多弯才能到达。

乌溪江水库

我们下船上了码头，换乘电瓶车，开了几分钟进了村。我们在躬耕书院值事朱引峰老师的陪同下，先参观开办在黄泥岭村的躬耕书院。书院建在山谷之中，藏在茂密的树林里，那天刚下过雨，路很滑，山谷中雨雾氤氲，树上不时有滴水滴到我们的身上，然而，大家兴致很浓，一路跟随朱老师向书院走去。到了一处往下走的台阶，望见一道门，门上挂着一副对联："耕读并举；家国遂昌。"书院的胸怀果然不一般。书院不大，但很精致温馨，建筑风格为中式，到处种着花草，庭院被打理得整整齐齐。上台阶，见一房，上书"躬耕书院"，想着一定是主屋了。进门是一尊孔子的雕像，边上挂着书法四条幅，是明朝陈继儒《小窗幽记》里的话：田园有真乐，不潇洒终为忙人；诵读有真趣，不玩味终为鄙夫；山水有真赏，不领会终为漫游；吟咏有真得，不解脱终为套语。我想这一定是书院主人的座右铭了，对我们这些凡夫俗人的确很有启发。接着我们参观了书院的教室"躬耕堂"。据朱老师说，这里经常举办孩子们的培训班，给孩子们上课，特别是音乐筑梦班，就在这

耕读并举；家国遂昌

躬耕堂

里上课。我看墙上还挂着"躬耕书院夏令营"的红色横幅，可以想见孩子们在教室里的渴望与快乐。后来，我们到了陈其钢先生的工作室"寻音阁"，朱老师说陈其钢先生每天都在这里，陪伴他的是一架电子钢琴、一台电脑和一张写字台，他在这里创作出了许多著名的音乐作品。可惜那天陈老师外出不在书院，我们只能在室外参观一下。在这里，我特地多拍了几张照片，以表达我对陈老师的敬重之心。接着我们经过了一个圆柱形的建筑，朱老师说，这是餐厅，陈其钢先生经常与艺术家们在这里吃饭，餐厅成了他们深入交流的一个很重要的场所。

离开书院，我们去村里走了一圈。这个村很小，人也不多，但打理得很整洁。墙面看起来粉刷过不久，还写着当地土特产的介绍：黄泥岭土鸡、乌溪江鱼、板栗等。村中心还摆着一些健身

躬耕书院

寻音阁

陈其钢先生与艺术家们用餐的餐厅

器材。在参观中，我们不时地看到农家鸡在欢快地跑来跑去，据说黄泥岭最著名的就是土鸡，这些欢蹦乱跳的鸡，这么快乐地生活，当然会与众不同。一只大黄狗一直跟着我们，仿佛它也是一个向导。当我们即将离开这个村庄的时候，看到村口立着一座牌坊，据说这是村里的标志性建筑，我赶紧下车拍了几张照片。站在村里的路上，能够看见乌溪江水库，青山倒映在湖面，形成对称的图案。雨后的晴空，让人心旷神怡，宛如处在仙境。当我们坐在船上的时候，望见山上有一幢建筑，上书"聆湖"两字，当地人说，背面写着"听山"，意思就是"聆听湖山"，是陈其钢先生所题。我说，此山此水此景，"聆听湖山"是最好的写照了。

我为什么要费这么多的周折到这么一个偏远的，至今还不通公路的村庄去呢？原因要从一群孩子参加2019中国北京世界园艺博览会开幕式说起。

2019年4月28日，中国北京世界园艺博览会开幕式文艺演出在北京举行，第一个节目是童声合唱《心底的天籁》，表演者中有浙江省遂昌县躬耕书院音乐筑梦班合唱团的孩子们，这令不少人大感意外。一时间，全国各级媒体竞相报道。这是一个世界瞩目的舞台，是有史以来规模最大的园艺盛会，全世界110多个国家和国际组织前来参展。这群孩子们从偏远山村去往祖国的首都，天籁般的童声把绿水青山间"音乐筑梦"的遂昌故事，唱给了中国乃至全世界听。

"梦里远方思念如影流淌，年华芬芳追寻日月路长……"《心底的天籁》让现场900位不同领域的嘉宾赞叹不已。"我的家，天是蓝的，水是绿的，走过层层梯田，在白云缭绕的山巅，到处是郁郁葱葱的茶园……"演出中，孩子们用朗诵的方式向现场观众讲述绿水青山的故

村中心摆放着一些健身器材（左上）
题有"聆听""湖山"的建筑（左下）
村口立着的一座牌坊（右）

事。据说这朗诵词就是陈其钢先生写的。开幕式有来自世界各地的约17个团体参与演出，20个孩子组成的遂昌县躬耕书院音乐筑梦班合唱团，是受邀的唯一一个非专业团队。这支队伍里的孩子都来自遂昌县普通人家，都还在上小学，最小的9周岁，最大的12周岁。为什么在一个交通如此不方便的地方，在偏僻的小山村，会出现这样一支高水平的合唱团队呢？这要从一个人说起，他就是陈其钢。有的读者可能不了解他，他就是2008年北京奥运会主题曲《我和你》的作曲者，我这样一说，大家就认识了。

陈其钢出身艺术家庭，环境的熏陶注定了他走上音乐之路。1964年他考入中央音乐学院附中学习单簧管。1977年他进入中央音乐学院作曲系学习作曲。1984年，陈其钢以第一名的成绩通过教育部出国研究生考试，获得法国政府奖学金，同年获当代音乐大师梅西安赏识，被破例纳为关门弟子。作为一名常年旅居巴黎的作曲家，陈其钢被国内大众所知就是因为2008年北京奥运会上那一曲《我和你》。这首曲子以简明、温暖、抒情、纯朴的旋律打动了整个世界。2010年起他先后为张艺谋的3部电影即《山楂树之恋》《金陵十三钗》《归来》写电影配乐。他的作品《逝去的时光》《五行》《蝶恋花》等，每年都在世界各地频繁上演，甚至成为很多乐团的保留曲目——对在世的音乐家来说，这极为少见。

2012年，陈其钢在音乐上颇有成就的独子意外去世，在承受巨大的打击和悲痛几个月后，陈其钢离开了城市，受朋友的邀请来到遂昌县黄泥岭村的躬耕书院，在这个远离市井喧嚣、依山傍水的世外桃源潜心创作，也调适心境。黄泥岭村给了陈其钢一个独特的创作空间，每天陪伴他的不仅是书、琴和写作设备，还有呼啸的山风、低鸣的鸟虫、潺潺的流水和欢叫的鸡狗，以及山民们淳朴的乡村声音。就是在这样一种与城市完全不同的环境中，他品味乡村和大自然的声音，点滴感悟和深入思索着人生、永恒、生命与离别。近些年的大多数时间，陈其钢都隐居在躬耕书院。生活慢下来了，但陈其钢的创作在提速。小号协奏曲《万年欢》是他到遂昌县后的第一个原创作品，后来又有了在格拉摩根音乐节上成功首演的交响合唱作品《江城子》——在遂昌县他每年都有新作。而新作的总谱上，陈其钢都会特别标注上：中国遂昌躬耕书院。

陈其钢在音乐上的感召力是巨大的，世界上不少音乐人被他的音乐魅力所吸引，追随他的脚步一个个来到遂昌县。常石磊、陈小朵等北京奥运会开幕式音乐团队的其他成员，世界各地的青年音乐家纷纷会聚遂昌县。2013年，古琴演奏家陈雷激、中央音乐学院指挥系教授陈琳来到遂昌县，与躬耕书院创建者戴建军共同成立了"音乐筑梦班"，让音乐走进大山，对来自遂昌县的孩子进行不同专业方向的音乐培养。2016年，小提琴演奏家何为、中提琴演奏家刘韵杰和大提琴演奏家涂强也来到躬耕书院，发起了公益性国际音乐夏令营，让来自世界各地的优秀年轻演奏家在这里学习和交流。歌手常石磊是躬耕书院的常客，他感触颇深："因为奥运会，改变了我的一生，这是我和陈老师的缘分。到遂昌县来，也是与陈老师，与这个地方，与这里的孩子的缘分。"

音乐是用组织音构成的听觉意象，表达人们的思想感情与社会现实生活的一种艺术形式，也是一种能即时打动人的艺术形式。而且，音乐是世界上唯一一种不用翻译的语言，旋律一旦响起，人们就会立即处于一种无法用语言表达的氛围中，忘却烦恼、净化心灵。音乐也是人与人之间交流情感的最直接、最唯美的方式之一。世界上的音乐家们来到黄泥岭村，就是为了寻求最纯粹的音乐艺术，以音乐拜师会友、切磋探讨、创作交流，在绿水青山之间诞生更多更好的作品。当前，小小的躬耕书院，已经搭起3座公益性的国际培训桥梁："陈其钢音乐工作坊"广纳年轻作曲家和青年音乐教师，培养青年艺术家；小提琴演奏家何为、中提琴演奏家刘韵杰和大提琴演奏家涂强创办的"青培计划"以弦乐培训为主，让全球顶尖音乐学院的学子在这里学习和交流；音乐筑梦班则反哺本土，无偿为本地的孩子们进行音乐潜能开发，为他们搭建成长的平台。一时间，山村大师云集，有音乐理想的人在黄泥岭村总能找到知音。

陈其钢为什么会到这么一个偏远的地方？这与另一个人有关，他就是戴建军。戴建军是杭州人，杭州龙井草堂餐饮有限公司的董事长，遂昌人叫他"阿戴"。阿戴在黄泥岭村创办了躬耕书院，这是吸引陈其钢到黄泥岭村的根本原因。

2008年，阿戴为了给他开在杭州市的"龙井草堂"寻找真正放心的土鸡和山茶油来到黄泥岭村。他发现这里简直就是陶渊明笔下的"桃花源"，完全符合自己"原品种、原生态、原住民"的标准，于是便萌生了要在这里为龙井草堂开辟食材基地的念头。2009年初开始动工，2011年，一座古朴典雅的躬耕书院悄悄地在山村中建成，绿水青山忽然有了文化的灵魂。躬耕书院中的"躬耕"，源自诸葛亮"躬耕于南阳"。清朝杨园先生张履祥《补农书》中有说"读而废耕，饥寒交至；耕而废读，礼义遂亡"，描写的就是这样一种耕读并重的生活状态。书院周边约100亩精耕细作的良田，成为阿戴开在杭州市的龙井草堂的食料基地。在躬耕书院，你可以看到各种保存完整的传统农业形态。阿戴最大的愿望还不仅仅是建一个农产品基地，而是恢复中国古代乡绅的生活状态，建造一个耕读世家，不仅为当地农民增加收入，还为他们的孩子提供走向未来的机会。

2013年，戴建军邀请中央音乐学院指挥系教授陈琳及其丈夫、古琴演奏家陈雷激到黄泥岭村吃土鸡。在餐桌上，几个人萌生出一个新想法——创办音乐筑梦班，让音乐走进大山，开启山里孩子的音乐梦想。他们决定每年的5月，筑梦班面向遂昌县招考小学2年级至4年级中有一定音乐天赋的孩子进行培养，人数控制在40人以内，上课时间一般安排在小长假和寒暑假。筑梦班的教学完全是公益性的，孩子们来上课分文不取、食宿全包，他们还专门雇车接送孩子。同时，书院邀请来自北京市、上海市、杭州市的音乐名师甚至国内知名大学的教授为山里的孩子编制专属课程，面对面授课。好山、好水、好食物，艺术家们来到这片土地后就被迷住了。"我安排你们吃好、住好，你们可以免费在这里创作，空余时能否也免费给孩子们上课？"正是在戴建军的"诱惑"下，越来越多的艺术家不辞辛苦来到这里开展公益教学。在这些培训中，陈其钢是其中的核心人物。他曾经说："躬耕书院是我去过的唯一无喧嚣的地方，保留着真正的纯粹。当我在这里住下，时间长了，我渐渐了解到躬耕书院的本质，躬耕书院的创始人在这里为艺术家、为山里孩子做的事情是有精神追求的。"他认为，这点也与他追求、创作纯粹的音乐的理念不谋而合。

从此，黄泥岭村大山苏醒的早晨，躬耕书院里经常会传出孩子们天籁般的童声。"以前村里没有人唱歌，而这几年大大小小的孩子都能唱上几首，就连养猪的老师傅也会哼上几首歌曲。"说起近年来的变化，黄泥岭村村委会主任深有感触。

在音乐筑梦班里，所有的孩子都本着纯洁的、热爱音乐的情感走在音乐道路上。在这里，孩子们没有为了音乐考级的想法，也没有要成为音乐家的包袱。音乐筑梦，就是给这些孩子插上梦想的翅膀，更是给予孩子们追逐自己梦想的力量。人的训练，第一是眼睛，学会阅读，第二就是耳朵，学会聆听，边看边听最容易记住知识。所以，孩子们学习音乐，更重要的是训练他们的接受能力，训练他们对这个世界的感知与了解。所以对于这个筑梦班，戴建军的说法是12个字：提供舞台，建立信心，懂得感恩。据说近两年，小小的黄泥岭村一共出了8个大学生。村里从未接触过古琴的女孩曾佳慧，通过音乐筑梦班提供的学习机会，勤奋苦练，被中央音乐学院附中录取，后来成功考入中央音乐学院。

"这个梦真的是如此美好，"参与"筑梦"的古筝演奏家常静激动地回忆道，"当我第一次见到孩子们，他们第一次从山里出来，不太好意思看我的眼睛，不太好意思回答我的问题，我想一定要帮助他们，让他们和音乐有亲密感。于是我鼓励孩子们，其实你们天生就是音乐家，内心有非常多美好的音符，你们也可以写出最好听的歌曲。最后，我让孩子们在小黑板上写出一个自己最喜欢的音符，《躬耕歌》就这样写出来了。"

山里的树木不断地生长，筑梦班的孩子们也越来越活跃在各种大型的演出舞台上。2018年8月，汤公音乐节在遂昌县举行。开幕式的谢幕曲，温暖了每一个在场的观众：2008年北京奥运会音乐总监陈其钢、女高音陈小朵、女声歌手喻越越、男声歌手李炜鹏、古琴演奏家陈雷激、京剧花脸李梦熊、古筝演奏家常静、琵琶演奏家李佳、歌手常石磊、女高音孟萌……这些人在2008年北京奥运会开幕式上，或是惊艳出演，或是幕后功臣，在国乐与弦乐、美声与戏曲的混搭中，艺术家们衬托的，是一群来自山水间的孩子，他们都是遂昌躬耕书院音乐筑梦班的学生。孩子们的希望，是遂昌县的希望，也是祖国的希望。

在这次音乐会上，一向严肃、寡言的陈其钢走上舞台当起主持人，随着动人的音乐，他缓缓地诉说这几年他在遂昌县的创作和思想的转变，讲述10年前北京"鸟巢"演出的幕后故事，介绍每个奥运音乐人10年间的成长……陈其钢用这种对话的方式，让遂昌县的观众走进他们的音乐世界，听懂音乐。陈其钢说："高雅和通俗之间，有时界限很模糊。把高雅的音乐和通俗的环境结合起来，让一个在浙江省的相对偏僻的县，能够有机会看到世界；而世界也能够看到中国乡村的美。"就像《我和你》中唱的："我和你，心连心，同住地球村；为梦想，千里行，相会在北京……"而这次相会是在遂昌县。2小时的音乐会，陈其钢一共上了10次台。

如今，音乐与黄泥岭村的绿水青山相结合，激发村庄的发展潜力，产生无穷活力。几个乡村音乐旅游项目打算在黄泥岭村落地。村里废弃的小学被一家公司看上，将其改造为一家以音乐为主题的民宿，租期10年，每年租金15万元，这是黄泥岭村集体经济的第一笔收入。目前村里正在统计闲置民宅，开发做民宿。我相信，黄泥岭村一定会走出一条不凡的发展道路，在音乐家们的帮助下，唱出自己走进新时代的幸福歌谣。

坐看云卷云舒的村庄

——丽水市松阳县四都乡西坑村

村庄名片： 丽水市松阳县四都乡西坑村，位于松阳县和武义县交界处，距松阳县城约13千米，著名的"松宣古驿道"经过该村。四都源在此分东、西两支流，而西坑村在西边的支流上，村名由此而来。村庄平均海拔约650米。全村有农户104户314人，辖3个村民小组。西坑村地貌为九山半水半分田，全村耕地面积约152亩，山林面积约3053亩，许多农民以外出打工为生。近年来，村里充分挖掘村庄山清水秀、古树参天、村古景美、民风淳朴的优势，吸引国内外摄影爱好者到西坑村摄影创作，许多摄影作品在国际、国内摄影展中获大奖，西坑村也因此名扬四方，被列为浙江省新农村建设示范点，更被人称为"中国最优美小山村"，于2017年入选中国美丽休闲乡村之列。

　　夏天的一个风和日丽的下午，时间临近5点，我们走进丽水市松阳县四都乡的西坑村，要去参观一家开在西坑村的民宿，叫"云端觅境"。当地人介绍这家民宿特别有文化味。我们沿着陡峭的石阶向上走，转了几个弯便到了"云端觅境"。我一进门就闻到原木的芳香，这里的室内装修材料几乎都用原木。地上铺的是当地的土烧制成的土砖。

家具也都是用当地材料做的，竹子做的椅子，木头做的长桌，装东西的也是竹篓、木盆等。民宿里的接待吧台摆着艳丽的花草，餐厅的小桌子铺着整洁的花格子台布，一角还摆放着一个小书架，放着不少书，让客人休息时阅读。我们参观了几间客房。简朴的灰色墙面，洁白的窗纱，原木制作的床和柜子，透过一个精心设计的横向窗户，我们可以看到不远处的山景，就像一幅美丽的画作。在这样的地方，挂画的确是多余的，只要透过窗就能看到一帧帧人移景换的画面。我真想在这样的地方住几天，那一定是别样的体验。

"云端觅境"民宿，临着山崖面朝峡谷，独享一片茂密的森林美景，民宿最吸引人的就是悬崖观景台。我到了这个观景台上，坐在一张长型靠椅上，蓦然发现这个民宿占据了西坑村观赏云景与山景的绝佳

通往"云端觅境"的陡峭的石阶

"云端觅境"客房一景

之处。据介绍，这个民宿处于松阳县海拔约650米的山上，那天刚下过雨，远望山谷，绵延不断的云雾升腾翻卷。连绵起伏的山峰，一层又一层地向远方延伸，看不到尽头。山风摇曳着密密的竹林，松涛在耳旁阵阵轰鸣，鸟群突然飞过，让大山带着神秘与仙境般的意境。傍晚的山风像丝绸一样抚摸着我的脸庞，让我心旷神怡。虽然我小时候也在山区生活过较长的一段时间，对这样的山景十分熟悉，但是，当在山外的城市生活了40多年后，对这种熟悉的场景，我突然体会到它真正的价值与难得的珍贵，有一种久别重逢的非同寻常的享受。

近几年，丽水市按照"绿水青山就是金山银山"的理念推进乡村旅游，大力发展民宿。"云端觅境"民宿就是其中的代表之一。据说是几位有着奇特创意的建筑设计师、文化创意师和本地生活家，选

"云端觅境"的悬崖观景台

取了村内几幢位置绝佳的民居加以精心设计与艺术化改建而成的。设计的民宿充分结合了当地的村庄特色、乡土文化，把破旧的土房打造成了承载他们的梦想，表达他们的内心创意和艺术主张的民宿。据介绍，这个民宿共有3个院落14间客房。我最敬佩的是这些设计师，原封不动地保留了房外原有的生活痕迹，夯土房还是那间夯土房，连破损的墙面也完整保留，但是，房内完全是一个极具现代化的空间。在一个土得掉渣的地方过着时尚的现代化生活，这可能就是这种民宿的魅力所在，也是一批文化人在喧嚣的、现代化的城市生活了多年后，想回归自然的一种美好愿望与心灵归宿。据说光顾这个民宿的时尚人士很多，周末更是订不到房间，而且价格并不低，看价目表，平日1100—1350元/天，节假日1480—1680元/天，然而，房间仍然供不应求，可见这类民宿的独特魅力与广泛的市场需求。

"这样的景色，能激发艺术家的创作灵感。"当地人介绍"云端觅境"的经营者叫老白，老白站在悬崖观景台不无自豪地说。老白本身就是一位艺术家。他说是一次偶然的机会，与朋友们一起来到西坑村，面对这里错落有致的土夯墙民居、淳朴的民风、原生态的生活方式、云雾缥缈的山景、满目青山的氛围，果断决定投资开了这家民宿。据说民宿就是由老白亲自设计，建在数幢已经坍塌的土房废墟上，将散落在地的黄土重新利用，使用整体夯制技术，并加入松阳县特有的端午茶草药重新配置，成就了外立面依旧古朴，内里极具设计感、现代感和艺术感的建筑群落。以"一间一世界"的理念，14间客房每间都做了精心与众不同的设计。老白还把西坑村的原始古村特色、当地风土人情和乡土文化符号提取出来，设计出农家记忆小院、农创空间、艺创空间、文创空间等，特别是利用得天独厚的悬崖景观造了一个观景台。老白说："静静

干净整洁的院子

地坐在观景台上，可以等待奇迹的发生。"他还说："经常会有文化人来我这里住宿，他们不用再在西坑村匆匆创作，可以把这里当成自己的家，细细品味个中滋味。"我也真想在这个观景台就这么坐上几个小时，静静地等待奇迹的发生。可惜我们是来松阳县考察文化的，坐了一会儿我就只能随着众人匆匆地离去了。但是，这里的意境在我的心里久久没有消弭。

中国的民宿随着经济的快速发展，以惊人的速度在增长。城市的奢华乡村主义人士开始向往返璞归真的乡村生活，提倡"5S文化"，"5S"即溪流（Stream）、森林（Silva）、阳光（Sun）、景观（Scenery）、运动（Sport）。浙江省提出建设"大花园"的战略，要让1万个村成为A级以上景区，其中1000个成为3A级景区。大力发展民宿就是其中一个十分重要的选项。据统计，2019年，拥有民宿数量排在全国前3位的是广东省、山东省、浙江省。凭借"绿水青山"与"金山银山"的协调发展优势，浙派民宿已经成为旅游金名片。为什么游客会选择民宿呢？专家们说，根据大数据分析原因，一是寻找田园风光，品味山水文化。山水文化就是人类在适应自然和改造自然的过程中，把自身的梦

站在民宿的观景台上可以眺望远山

想、智慧、创造与山水共生共荣，在亘古悠久的人类历史中积淀起来的璀璨文化。民宿总是建在山清水秀的地方，也是品味山水文化最好的地方。二是寄情清静之地，结伴休闲度假。慢生活是当代快节奏生活中的一种调适。人们在城市里奔波忙碌后，就想找一处清静的地方，把心放下来，让精神轻松一下，民宿就是最好的选择。三是体验农家生活，回味久远乡愁。农村里有中国人的乡愁，也有文化的根与魂。春天挖笋、清明采茶、夏天赏萤火虫、中秋做月饼、秋天采果、冬天做年糕，是多么惬意的事。四是品味主人文化，体验风土人情。民宿与酒店最大的差别是，酒店是客居，你住着就是客人，而民宿更像一个家，入住后你会有一种主人的感受。所以许多人会对一些民宿情有独钟，会年年定期来住，时间长了，更会有一种民宿就是自己家的感觉。所有这些，推动着中国的民宿业突飞猛进地发展。

"'走遍千山万水，最美还是丽水！'12月10日，在首届中国民宿区域公用品牌大会暨'丽水山居'民宿服务标准发布会上，浙江省钱塘江文化研究会会长胡坚用这样一句话表达了自己对丽水市的喜爱之情"这是新华社客户端2019年12月10日的一篇报道中的一段话。这个报道的标题是"浙江丽水：扩大'丽水山居'影响力 为乡村民宿未来贡献'丽水方案'"。我应邀参加了这次会议，想不到新华社的报道中会用我的这句话作为开头。

在这次会议上，丽水市发布了"丽水山居"民宿服务要求与评价规范。据我了解，这是首个关于民宿的地方性标准。丽水市为了提升民宿品牌，扩大民宿的影响力，编制了"丽水山居"民

宿服务要求与评价规范，邀请了全国民宿行业专家，以高于国家相关标准的要求做好编制工作。该标准从等级划分、评价要求、服务质量标准、等级评定准则等8个方面，对民宿的发展提出了全面的认证标准。其中包括"主人式"服务、"5分钟医疗急救圈"等。"丽水山居"的民宿规范标准，将全面增强丽水市民宿的市场竞争力和影响力。

近年来，丽水市的民宿产业实现了突破性的发展，一大批充满乡愁、具有创意、融入山水、讲好故事的文化主题民宿在丽水市迅速扎根落户。丽水市提出要以打造全国知名养生养老目的地、长三角知名休养目的地与山村暑期体验和避暑目的地为目标，打响"丽水山居"民宿品牌。2018年，丽水全市有农家乐民宿4300余家，全年共接待游客约3451万人次，实现营业总收入约41亿元，分别同比增长约24%、约33%。在这种大发展的背景下，丽水市各地的民宿如火如荼地快速发展起来。

地处浙西南山区的丽水市松阳县借助自己独特的绿水青山，大力发展民宿经济，而且走出了一条颇有特色的发展路子。据当地的领导介绍，松阳县发展民宿，一是要求保留原生态的村民生活方式与当地风情，一个村发展民宿，民宿所占民居数量一般掌控在民居总量的20%左右，不允许过多、过滥，特别是不允许把所有的村民迁移。希望通过这些民宿既保存原住民的生活方式又带动整个村庄的经济发展。二是不允许玻璃幕墙、不锈钢等破坏当地原生面貌的建筑材料进村庄，提倡就地取材建民宿，建筑材料以石头、泥土、原木、竹子等为主。三是按照修旧如旧、建新如旧的原则搞建设，尽量保持原有的村庄面貌，不搞破坏性建设。同时，松阳县风光优美、青山环绕，松阴溪两岸高山叠嶂、溪幽林密，松阳盆地茶园纵横、沟壑如网，唐代诗人王维就赞美过松阳县："按节下松阳，清江响铙吹。"就是依托这样好的生态环境和发展理念，松阳县的乡村旅游得到了快速发展，全县100多个村有旅游、民宿、精品农业、文化产业等多种新型乡村业态，每年吸引数百万游客前来领略乡村风光。西坑村就是其中的样板村。

西坑村具有发展民宿的良好地理环境，这个村建于四都源口的半山台地，村子周围是茂密的竹林，山石嶙峋、溪流蜿蜒。茶马古道和其他古代驿道通过村庄。古道中的一段竹客岭路段，至今仍是村民下山的主要通道，此处建有一座凉亭，古道从凉亭中间穿过，两边摆放着长条木凳，为行人提供歇脚便利，这里也是村民休憩的地方。但是，很长一段时间以来，由于西坑村地处偏僻的山区，经济发展比较落后，加上人多地少，难以养活几百人，于是，村民们以外出打工为生，村里60%以上的劳动力都外出打工了。在工业化和城市化大踏步前进的过程中，西坑村没有很快地跟上步伐，然而，这样反而保留了西坑村古朴原始的山村模样，继续升腾着那缕慢悠悠的炊烟。

当城里人开始关注绿水青山，特别是丽水市大力发展摄影事业与产业后，西坑村就成了摄影师们常常光顾的地方，带动民宿发展的直接原因之一就是摄影业的发展。西坑村的美景是难以言表的，可以说是美不胜收。村西有一片原始森林，茂密葱郁，一树一姿，特别入景。村周边多山，有邵尖山、笔架山、寨头尖等。村后还有海拔约1129米的大种山，山势峻峭、层峦叠嶂。由于松古平原的气流由南至北上升，遇到高山，凝聚成雾，西坑村常年会在大雾中若隐若现，或锁在云雾之中，云蒸霞蔚，变幻莫测，恍若仙境。满目的青山，乌黑的屋瓦，土黄的夯土墙。淡墨似的云雾飘浮在山村里，如果遇上合适的季节，满山的各种鲜花盛开在恰到好处的地方，这样的摄影构图必然是摄影师的最爱，也是他们获奖的必然。为此，年年都有百余批次的中外摄影家聚焦于此，包括来自美国、德国、葡萄牙等国的摄影家。摄影师拍的西坑村照片，经常获国际国内大奖，特别是雾中的西坑村、雪中的西坑村，成为最常获奖的主题。

有了好的风景，如果没有人在其中，这种摄影作品就没有了活力与生命力，所以，曾有一段时间，摄影师们请来了不少美女模特到西坑村，让模特摆出各种优美的姿势，借此打响西坑村的摄影名气。其实，真正好的摄影作品应当还是真实的生活场景，能够捕捉到西坑村百姓的日常生活场景的摄影作品才是真正能打动评委与观众的好作品。所以，想要拍出好的摄影作品还是要真正深入西坑村，到村民们的生活中去寻找好题材。随着时代的变迁，懂得这个道理的人越来越多了。现在你到西坑村，总会看到许多把照相机挂在脖子上的人在村庄里闲逛。村民们显然是见多不怪，该干啥干啥，过着山里人祖祖辈辈过着的日子。遇有需求配合拍照的，村民概不拒绝，十分配合地用自己最纯真的笑脸让你拍张好照片，淳朴的山里人不会向你提任何额外要求。村民们总是在木凳、石凳上随意坐着，男人们抽着烟讲着山里山外的所见所闻，游客们完全可以坐下来，与他们闲聊。游客们想问什么，他们就爽朗地回答什么，还憨憨地笑着，只要不影响他们做农活或家务活，一定会快乐地陪你聊天，因为快乐是最珍贵的。村里的传统习俗仍然流传至今。男女老少还和往常一样做着筛子、篾席子、篾菜篮、晒谷簟等农业生产工具、生活器具和小工艺品。有的摄影师来过西坑村后说："西坑村满足了我对古村落的所有美好想象！这个古村安宁静谧，却充满活力，这一点最难能可贵。"摄影家们帮助了远在深山的西坑村向世界传播它的美丽与淳朴。西泠印社出版社曾出版过一本介绍松阳县村庄风貌的摄影集——《走向记忆的山村——浙江松阳山村纪实影像》，其中就有西坑村的倩影。现在的西坑村，不仅能吸引摄影家，还能留住艺术家，让艺术文化的种子在这里生根发芽，这都得益于村里的民宿产业。

近年来，为了进一步建设好西坑村，当地以追求原生态为规划理念，走以古树、古道、古村落为主要特色的"复古"路线，邀请中国美术学院的专家对该村进行全面的"包装设计"，编制出了《最美的休闲山村设计图》《西坑村生态环境保护示范村工程项目》《西坑新农村建设延伸景观布局图》《西坑村农业生产发展规划》等发展规划，为西坑村量身打造更美的未来。着力开发村庄的文化资源和旅游资源，着手对民俗文化、茶马古道、官道和瀑布等旅游资源进行挖掘和整理，进一步丰富文化内涵，提升村庄的艺术品位。建成了停车场、村口仿古木山门、摄影亭、港湾式候车亭、污水处理池及排污管网，砌筑了1801.5米的村延伸游步道。实施了村庄源头整治、引导清水入村渠道和村顶"半月形"清水池塘项目，同时，也完成了赏云亭、观瀑亭、二期1500米游步道、村生态公厕等项目建设。通过村庄环境整治，促进人居环境的生态化建设。大力引导农民发展特色产业，种植约150亩白茶、约200亩香榧，推动产业可持续发展。特别是借丽水市打造"摄影文化名城"的东风，进一步把西坑村打造成为丽水市的重要摄影创作基地之一。村民们建设起村文化活动中心，设立专门的摄影展厅、民俗风情展厅，向客人展示西坑村优美的自然环境与古朴的农家民风，打造生态摄影休闲山村。

现在，西坑村的文化标识更加鲜明，不仅有"云端觅境"，还有其他具有浓浓的文化味的民宿。这些民宿，结合地方产业、传统文化和特色民俗打造文化主题，如"红糖工坊+民宿""木偶剧团+民宿""茶叶作坊+民宿"。文化的多样性避免了民宿同质化，使民宿产业健康快速地发展。2017年，西坑村民宿产业收入约920万元，同比增长95.7%，在文化引领和民宿产业的带动下，西坑村在乡村振兴的路上越走越实。

西坑村的名声越来越大了。在一个美好的日子里，一场国际音乐会在西坑村拉开帷幕，来自6个国家的9位音乐人与当地村民欢聚一堂，共度这美好的夜晚。寂静的月光之夜，晚会开始，古老的山村响起了来自异国风情的萨克斯乐曲，村民也用笛子吹奏了《红梅赞》，用二胡拉起了《父亲》，一个村民高兴地说，自己从来没有想过有一天能够在自己家门口欣赏一场如此打动人心的国际音乐会。

西坑村已经不再只是在"坑"内，它早已走出大山，带着村民们的梦想与希望，给这个世界送去精彩。

图书在版编目（CIP）数据

别样村庄 / 胡坚著. — 杭州：浙江工商大学出版
社, 2021.1
　　（"钱塘江故事"丛书）
　　ISBN 978-7-5178-4206-4

　　Ⅰ.①别… Ⅱ.①胡… Ⅲ.①农村文化—研究—浙江
Ⅳ.①G127.55

　　中国版本图书馆CIP数据核字(2020)第259530号

别样村庄
BIE YANG CUNZHUANG
胡　坚著

出 品 人	鲍观明
策划编辑	沈　娴
责任编辑	沈　娴　费一琛
责任校对	吴岳婷　刘　颖
封面设计	观止堂_未氓
责任印制	包建辉
出版发行	浙江工商大学出版社
	（杭州市教工路198号　邮政编码310012）
	（E-mail：zjgsupress@163.com）
	（网址：http://www.zjgsupress.com）
	电话：0571-88904980，88831806（传真）
排　　版	杭州林智广告有限公司
印　　刷	浙江海虹彩色印务有限公司
开　　本	880mm×1230mm　1/32
印　　张	7.75
字　　数	185千
版 印 次	2021年1月第1版　2021年1月第1次印刷
书　　号	ISBN 978-7-5178-4206-4
定　　价	68.00元